엄마 내공

육아 100단 엄마들이
오소희와 주고받은 위로와 공감의 대화

오소희 지음

북하우스

육아를 하며 혼자라고 느끼는

대한민국의 엄마들에게

지난 십수 년간, 저는 아이와 함께 세계를 한 바퀴 돌고 다양한 장르의 책 열 권을 쓴 여행가이자 작가였습니다. 그동안 제가 깊숙이 품고 있던 질문 하나를 고르라면 단연 '어떻게 살 것인가?'였습니다. 한편, 저는 집에서는 삼시세끼를 제때 해먹이고 간식까지 손수 만들어주는 어미였습니다. 어미로서 사는 동안 저를 꽉 붙잡고 있던 질문 하나를 고르라면 단연 '어떻게 키울 것인가?'였습니다.

글로벌하고 자유로운 개인 VS. 한국적이고 책임감 강한 엄마. 이 두 개의 자리를 동동거리며 유지할 수 있었던 건, 제가 세계여행을 마쳤을 때 '어떻게 살 것인가'에 대한 답으로 얻은 마지막 한 단어 때문이었습니다. 균형. 행복한 삶은 너무 넘치지도 너무 모자라지도 않은 균형의 상태에 있었습니다.

그래서 '균형'은 '어떻게 키울 것인가'에 대한 제 고민의 마지막 답이기도 했습니다. 엄마는 아이와 자신의 삶 사이에 적정한 거리를 유지하며 행복의 균형을 잡아야 합니다. 너무 가까우면 아이는 성장할 기회를 잃고, 너무 멀면 아이는 방치되어 앓게 됩니다.

※

대한민국에서 엄마와 아이 사이의 균형을 방해하는 가장 큰 이유는 분명 '대학'입니다. 아이 혼자 입시의 레이스를 뛰는 것으로도 모자라, 엄마(가 골라준 학원)까지 2인 3각 경기를 해야 1등으로 대학에 도달할 수 있다는 믿음 때문이죠. 엄마 없이 저 혼자의 힘으로 좋은 대학에 가는 아이는 씨가 말라가고 있다고 합니다. 통계로 증명되는 '현상'을 부정하진 않겠습니다. 학력주의 사회에서 대학에 안 가도 잘 먹고 잘 살 수 있다는 이상적인 말도 하지 않겠습니다.

하지만 모두가 알다시피, 2인 3각 경기를 시작하는 순간, 엄마와 아이의 균형점은 깨집니다. 서로 적정한 거리를 잃고, 완전히 뒤엉킨 채 서로의 삶을 건강하지 않게 만들고야 맙니다. 이것 역시 통계로 증명되는 '현상'이죠.

대한민국 엄마들의 걱정은 정확히 이 지점에 있습니다. 그래서 '자연주의 육아'며 '프랑스 육아'며 '덴마크 육아'며 모두 다 섭렵한 뒤에, "그래도 우린 어쩔 수 없이 애를 잡아야 돼"라고 한숨 쉽니다. 이 책은 딱 그 지점에서 정직하게 고민합니다. 정말로 이 땅에서 엄마와 아이의 2인 3각 경기가 아니고선 대학에 가는 것이 불가능해져버렸다면, 이 책은 다음과 같은 현실적인 질문을 던져봅니다.

- 어떻게 키운 아이들이 가장 늦게까지 이 학력 경쟁의 레이스를 혼자 달리나?
- 어떻게 키운 아이들이 끝까지 혼자 달려본 뒤에 '이제부터는 나를 좀 도와줘'라고 제 입으로 말할 수 있나?
- (아이가 혼자 학력 경쟁의 레이스를 달리는 동안) 엄마들은 어떤 마음가짐을 지녀야 죄책감이나 불안의 노예가 되지 않을 수 있나?
- (아이가 '나를 좀 도와줘'라고 말하는 순간) 엄마들은 어떻게 자기 자신만의 세계와 이것을 계속 양립시키나?

그리고 그 답을 '엄마들 자신'에게서 이끌어냈습니다. 대한민국의 현실이 그 어떤 다른 나라의 육아법이나, 교육전문가의 이론으로 설명 불가능한 불통의 철옹성이기 때문입니다. 대한민국 교육제도 아래에서 아이와 엄마가 건강하게 살아남는 법은, 대한민국의 엄마들 가운데 그것을 치열하게 고민한 엄마만이 답할 수 있기 때문입니다. 이 책 속에는 아이를 명문대에 보낸 엄마의 무용담 같은 것은 담겨 있지 않습니다. 다만, 교육 광풍에 휩쓸리지 않고, 엄마도 아이도 끝까지 이 레이스를 건강하게 달리기 위해 고민하고 또 고민한 엄마들의 진지한 경험담이 담겨 있습니다.

*

그래서 이 책의 제작 과정은 조금 특이합니다. 한 엄마가 제 블로그에 와서 자신의 고민을 털어놓습니다. 그러면 다른 엄마들이 댓글로 아낌없이 지혜를 나누어주었죠. 마지막으로 역시 엄마인 제가 댓글을 정리하고 (전 세계를 돌며 뼛골 빠지게 고민한 '한국에서의 균형점'을 언급하는) 답글을 달았습니다. 우리는 덤볐습니다. 한 엄마의 고민이 우리가 처한 현실 속에서 적용 가능한 수준의 답을 찾을 때까지.

그렇게 찾아낸 답도 커다란 소득이었지만, 그보다 더 큰 소득은 그 어떤 조건도 없이 서로를 돕는 동안 엄마들 사이에 '감사'와 '신뢰'가 생겨났다는 점이었습니다. 아이들 경쟁이 엄마들 경쟁이 되어버린 요즘,

감사와 신뢰라는 진귀한 단어는 그것 자체로 모두를 감동에 젖게 했고 무한히 더 나아갈 힘을 부여했습니다.

사실 엄마들은 본래 그런 존재들이었죠. 손을 꼭 잡고 서로를 부축하여 더 큰 것을 만들어내는 존재! 우리는 '연대'하며 점점 더 육중한 고민까지 파고들어갈 수 있었습니다. 누구도 전문가가 아닌 채로 우왕좌왕 시작했지만, '통과'하면서 '통달'해버린 것에 대한 이야기를 나눌 수 있었습니다. 그래서 이 책은, 엄마들 고민의 가감 없는 끝판, '엄마로서의 최선은 어디까지일까요?'로 끝을 맺습니다. 그리고 자연스럽게 '엄마 내공'이라는 제목으로 태어나게 되었습니다.

*

모든 엄마들의 고민글과 댓글들을 읽는 동안, 번번이 코끝이 찡했습니다. 대한민국에서 엄마로 살아간다는 것, 그 숨은 번뇌와 승리의 시간들이 행간에 꿈틀거렸기 때문이지요. 당신들이 좋은 엄마가 되기까지 얻은 흉터에 커다란 존경을 표합니다. 흉터로 인해 당신들은 더 아름다운 존재입니다. 당신들이 용감하게 커밍아웃하여 흉터를 드러낼 때마다 '그래, 혼자가 아니야.' 저는 커다란 힘을 얻었습니다. 대한민국의 희망도 보았습니다.

이제 여러분들은 이런저런 육아서를 들었다 내려놓으며 불안을 느끼는 고립된 객체가 아닙니다. 연대하여 지혜로운 결론을 내는 육아서의 주체입니다. 이 책을 읽는 모든 엄마들도 자신 안의 그 힘을 느끼길 바랍니다.

대한민국의 엄마들에게 바칩니다.

2017년 1월, 오소희 드림

> 젊은 엄마들에게

어린아이를 키우는 동생들, 젊은 엄마들에게 종종 들려주는 이야기. 유아기 때만이라도 마음껏 놀려라. 같이 놀아라. 이 땅에서는 어차피 '입시'라는 어마어마한 불행이 기다리고 있다. 제발 그때만이라도 걱정 붙들어 매고 행복해라.

*

우리가 세상을 좋게 만들어야 좋아진 세상에서 우리 아이들이 살아간다. 내 아이에게 싸움의 기술을 가르치면 전쟁을 하며 살아갈 것이오, 유희의 기술을 전수하면 즐기며 살아갈 것이다. 내내 선행학습을 시킨 엄마들, 운 좋게도 그럭저럭 그것에 따라와준 아이들. 그런 가정에서도 일정한 때가 오면 '답 없다'고 외친다. 답 없는 것이 답인 이 현실에선 '소신'만이 답이다.

*

아이가 어릴 때만이라도 자연에서 뒹굴게 하라. 자유롭게 하라. 너도 알고 나도 알다시피 이놈의 학력사회는 지랄 맞게 완고하다. 변하지도 않고, 흔들리지도 않는다. 결국 흔들리는 건 부모다. 제아무리 건강한 교육관을 지니고 시작해도 아이가 클수록 흔들린다. 바꿔 말하면, 어차피 누구나 흔들린다. 뿌리라도 건강하게 해두자. 일찍부터 시험 준비 시키면 안 흔들릴까? 아니. 일찍부터 준비시켰기에 더 흔들리고 더 실망한다. 실망하는 순간, 부모는 응원자가 아니라 심판자가 된다. 심판은 부모가 자식에게 할 수 있는 최악의 것. '관계'는 깨진다. 놀 수 있을 때 놀게 하라. 놀지 않은 아이는 결코 후반부의 미친 학력 요구들을 버틸 '마음의 체력'이 키워지지 않는다.

*

아이에게 자기주도적으로 공부하라고 말할 게 아니라, 엄마 스스로가 자기주도적으로 공부할 준비가 되어 있어야 한다. 무엇을 공부하느냐? 행복해지는 법.

*

엄마가 먼저 생을 즐기는 모습을 보여주라. 내 아이가 행복하게 자랐으면 한다면, 가장 가까이에서 가장 영향력이 크고 가장 사랑하는 사람에게서 행복하게 사는 태도를 견본으로 배우게 하라. 그리고 뿌듯해하라. "넌 날 닮아 행복한 거야, 짜샤~."

*

육아의 시간을 버티지 말고 즐겨라. 놀이터에 가면 같이 미끄럼틀을 타라. 옆에 앉아서 스마트폰 뒤적이지 말고 제발, 엄마 너도 놀아라. 얼마나 좋은 기회인가? 얼마나 놀기에 좋은 날씨인가? 한바탕 뛰어놀고 나면 기분도 좋아지고 살도 빠진다.

*

아이는 자신의 놀이대상만큼 크다. 무조건 데리고 자연으로 가라. 키즈카페 가지 마라. 그곳은 빤한 놀이공간이다. 놀이에 빤한 정의를 심어줄 뿐이다. 그런 세팅이 안 되어 있으면 쭈뼛대는 아이로 자라날 뿐이다. 놀이는 언제 어디서나 무한한 가능성으로 시작될 수 있는 것이다. 아이들은 그 가능성을 가지고 놀아야 한다. 이 모든 '가능한' 놀이가 아이에게는 배움이다. 네 친구들이 허구한 날 모여서 말하는 '공부'나 '배움'의 정의를 바꿔라. 그들이 말하는 건 배움이 아니라 '시험'이다. 네 아이는 아직 시험 칠 나이가 아니다. 배울 나이다. 하늘로부터도, 땅으로부터도, 먼지로부터도.

*

집 근처에 숲, 공원, 큰 서점이나 도서관을 가까이 두어라. 낮이나 밤이나, 비가 오나 해가 뜨나, 걷게 하라. 매 시간이 다르고 매 계절이 다르다. 그 다름을 느끼는 것이 예술이고 살아가는 의미이다. 아이를 그을리게 하라. 풀과 흙, 벌레를 만지게 하라. 더러운 옷을 입게 하라. 옷이 더러워지게 하라. (빨래 좀 작작해라. 그래야 너도 논다. 그래야 환경도 좋아진다.)

기게 하라. 구르게 하라. 뛰게 하라. 적당히 긁히거나 까져도 된다. 회복되는 과정은 언제나 성숙과 인내를 배우게 한다. 아이의 몸과 사고를 교실과 의자에 묶어두지 마라. 최대한 몸을 움직이게 하고 감각을 쓰게 하라. "나는 엄마를 하늘만큼 사랑해"라는 말은 하늘의 높고 큼을 느끼고, 사랑의 깊고 벅참을 느낀 아이만이 말할 수 있는 것이다. 느끼지 못하게 하고서, 말하라 다그치지 마라.

*

아이가 멍 때리게 두어라. 상상하고 공상할 시간을 충분히 주어라. 창의력은 빈 시간에서 나온다. 창의력은 무한으로 자신을 확장하는 힘. 자꾸 주입받는 아이는 제아무리 채워져도 —무한은커녕— 기껏해야 제

몸뚱이만큼밖에 못 채우는 법이다.

*

아빠가 육아에 참여할 기회를 항상 열어두되, 대기상태로 있지는 마라. 적극적으로 엄마와 아이가 할 수 있는 걸 해라. 이것은 현실적인 차선책이다. 아빠들을 돈 버는 기계로 만드는 이곳에서 가족 단위로 다 같이 무언가를 할 수 있는 날은 극히 드물다. 심지어 이 땅에서는 아이가 주말여행에 따라나설 수 있는 날도 금방 마감된다. (아무 나라나 자살률로 세계 1등을 할 수 있는 게 아니다.) 집에 제때 안 들어오는, 혹은 주말마다 낮잠만 자는 남편 붙잡고 싸울 힘으로 대범하게 아이와 많은 추억을 만들어라. 두고두고 잊히지 않을, 미친 듯이 깔깔대는 추억을 만들어라. 네가 마음먹기에 따라, 네가 시작하기에 따라 너와 네 아이는 행복할 수 있다. 바로 오늘부터.

차례

프롤로그 · 6
젊은 엄마들에게 · 12

Part 1
교육, 소신과 현실 사이의 외줄타기

01 맞벌이 부모의 교육, 출구는 없는 걸까요? · 22
02 일과 아이, 무엇이 우선되어야 할까요? · 32
03 육아서 속의 조언, 어떻게 받아들여야 하나요? · 40
04 사교육을 시키지 않겠단 결심이 흔들리는데, 어떻게 해야 할까요? · 46
05 엄마표 영어를 못하는 대신, 영어 유치원에 보내야 할까요? · 56
06 네 살 이전 한글 사교육, 하는 게 맞는 걸까요? · 60
07 유아의 예체능교육은 어떻게 하는 게 좋을까요? · 68
08 유아의 여행, 정작 아이도 좋아할까요? · 76

Part 2
남다른 교육이 아닌, 함께 크는 교육

09 '교육 소수자'로 겪는 외로움, 어떻게 하면 좋을까요? · 88
10 영재교육보단 인성교육이 먼저 아닐까요? · 96
11 공동육아에서는 왜 사교육을 금지하나요? · 110
12 대안학교와 일반 학교, 어느 쪽으로 진학시키는 게 나을까요? · 118
13 혁신학교에서 일반 학교로 옮기려 하는데, 이 불안함을 어떡하나요? · 132
14 사춘기 아들과의 여행, 어떻게 준비하면 좋을까요? · 140

Part 3
자식이라는 타인과의 낯선 동행

15 엄마가 출근할 때마다 우는 아이, 어떻게 달래줘야 할까요? · 148
16 둘째, 꼭 낳아야만 하는 건가요? · 154
17 유치원 등원을 거부하는 아이, 어떻게 해야 할까요? · 160
18 소극적이고 여성적인 아들, 축구라도 시켜볼까요? · 166
19 아들을 남편처럼 키우고 싶지 않은 마음, 잘못된 건가요? · 172
20 형제간의 다툼, 어떻게 훈육해야 할까요? · 180
21 거친 말을 하는 아이, 어떻게 대응해야 할까요? · 188

Part 4
관계 속에서 성장하는 엄마와 아이

22 누구나 경계심 없이 따르는 아이, 괜찮은 걸까요? · 200
23 예민한 아이의 관계 맺기, 엄마가 개입해야 할까요? · 206
24 아이가 리더만 되고 싶어하는데 어쩌죠? · 216
25 아이가 피해를 보는 상황, 엄마는 어디까지 나서야 하나요? · 222
26 아이를 향한 타인의 관심, 어디까지 허락해야 하나요? · 236
27 아이가 커갈수록 더 걱정되는 마음, 엄마로서의 최선은 어디까지일까요? · 250

에필로그 · 266

Part 1

교육,
소신과 현실 사이의
외줄타기

첫 번째 질문

맞벌이 부모의 교육, 출구는 없는 걸까요?

일곱 살, 네 살, 두 아이를 키우고 있는 워킹맘입니다. 저는 초등학교에서 일하고 있고, 남편은 유아교육계에서 일하고 있어서 어쩌다 보니 우리나라 유초등 교육의 현실을 제법 심도 있게 들여다보고 있는데, 참 보면 볼수록 어렵습니다.

저 같은 워킹맘에 일명 '육아독립군(누군가의 도움 없이 혼자 육아를 도맡아 하는 엄마들을 일컫는 신조어)'의 경우에는 정말이지 눈물지어야 하는 날이 많습니다. 그런 사정은 아이들이 학교에 간다고 나아지지 않아서 오히려 초등 입학과 함께 일을 그만두는 분들이 많더군요. 맞벌이에서 외벌이가 되다 보니 사립학교, 명문학원을 보내기는 경제적으로 더 어려워지고요.

저는 가능한 한 그런 이야기들을 외면하면서, 학교나 기관의 역할과는 비교할 수 없는 엄마와 가정의 역할에 더 관심을 가지려 노력하고 있습니다. 그러나 교육 현장에서 일하다 보니 오히려 혼란스러운 순간이 더 자주 찾아오고 무엇부터 시작해야 할지 겁이 나는 것도 사실입니다.

초등3학년부터 시작되는 영어교육, 저학년부터 시작되는 글쓰기와 각종 대회들, 즐겁게 예체능을 즐길 수 없게 하는 사교육 시장과 그와 연관된 대회들…. 이런 것들 때문에 아이가 좌절을 겪고 눈물짓는 걸 여러 번 본 터라 두렵기만 합니다.

*

여섯 살 남자아이를 키우고 있어요. 맞벌이고요. 아이는 유치원 종일반을 다니고 있고, 하원한 뒤인 오후 5시부터는 돌봄 선생님이 제가 퇴근할 때까지 아이를 봐주세요. 선생님 퇴근시간까지 남편과 저 둘 중 한 사람은 무조건 집에 가야 하지요. 그러나 아이는 내후년에 초등1학년이 될 것이고, 아이는 학교를 마친 후 갈 곳이 없으니 결국 학원을 돌아야 하겠죠. 방과 후 수업도 있다지만 그 수업이 저희 부부의 퇴근시간까지 이어지진 않을 겁니다.

그럼 아이를 최소한 2~3개의 학원으로 돌려야 부모가 집에 오는 시간과 맞을 테고, 중간에 식사는 학원 건물에 있는 분식집에서 해결해야 할 거예요. 원하든 원치 않든 아이는 결국 혼자서 집에 있을 수 있는 나이가 될 때까지 학원에서 학원으로 이어지는 생활을 해야 하겠죠.

요즘 드는 고민은 아이를 위해 잠시 동안, 회사가 아닌 파트타임 근무가 가능한 아르바이트를 해서 아이가 어느 정도 스스로를 돌볼 수 있을 때까지 곁에 있어줘야 하느냐는 거예요. 최소한 초등1~2학년 정도까지는 엄마 손이 필요할 테니까요. 맞벌이가 아니면 생활이 빠듯하고, 맞벌이를 하니 아이가 불쌍해지는 이런 상황이 참 싫네요.

가까운 시골 분교 같은 곳에 아이를 보내고 싶은 마음도 굴뚝같아요. 학교 수업이 끝나면 학원이 아닌 자유로운 공간에서 뛰어놀 수 있는 그런 곳이요. 그러나 그런 곳으로 이사를 가면 출퇴근이 어려워져 벌이가 없으니 어째야 하나 싶습니다. 무엇 하나 뾰족한 수 없는 맞벌이 부부의 육아, 참 갑갑합니다.

↳ **나무 님**

아이를 바로 옆에서 온종일 돌봐주지 못하는 것은 모든 워킹맘의 고민일 것입니다. 서른 살쯤까지는 남편과 동등하게 살아왔는데 왜 육아의 책임과 아이의 정서는 오롯이 엄마의 몫인지를 모르겠습니다. 아빠, 가족, 사회, 정부가 나누어야 하는 것 아닌가요. 시스템의 뒷받침 없이 엄마의 희생만 강요하며 아이에게, 가족에게, 그리고 일터에서 늘 죄책감을 느끼게 되는 이 상황의 개선이 절실하게 필요합니다.

현실은 임신한 것만으로도 눈치 보이고, 육아휴직 12개월도 온전히 채우지 못하고 복직해야 합니다. 이런 삶은 비단 돈 때문만은 아닙니다. 저에게는 일도 삶의 큰 중심이기에 지켜내고 싶습니다. 저를 위해서라도, 비슷한 상황을 겪을 여자 후배들과 또 이 땅의 딸들을 위해서라도, 나를 포기하지 않고, 아이를 잘 키워내는 엄마가 되고 싶다는 생각이 이기적인 건가요? 정녕 불가능한가요?

↳ 소이맘 님

　인생을 길게 보면 아기 키우는 3년이 그렇게 길기만 한 시간은 아닐 텐데도 육아휴직 기간으로 인해 경력이 다른 사람들에게 뒤처질까 봐, 상대적으로 호봉이 낮아질까 봐, 경제적인 여유로움을 놓칠까 봐 두려워했던, 지금도 완전히 자유롭지 못한 나를 봅니다. 분명 그 시간 동안 나는 여러 방향으로 시각도 바뀌고, 생각도 바뀌고, 변화와 성장이 일어날 텐데요.
　직장을 그만두고 세계일주를 하고 오는 이도 많은데, 세계일주는 선망의 대상이 되고, 육아는 찌질한 고민의 대상이 되는 이유는 뭘까요? 둘 다 나에게 미래에 대한 불안을 주는 건 마찬가지일 텐데요. 아이가 조금 더 자란 후 무엇이든 할 수 있지 않을까 싶지만, 지금 끝없이 자라나는 이 불안의 실체는 무엇인지…. 후후, 숨을 몰아쉬고 다시 멀리 보는 연습을 해봅니다.

↳ 팬지몽 님

　저는 둘째를 낳으면서 13년 동안 다니던 직장을 그만두었습니다. 당시 신랑보다 높은 급여를 받고 있었고, 제가 그만두면 가계 수입의 절반 이상이 사라지는 상황이었어요. 하지만 아이를 제 손으로 키우고 싶었습니다. 너무도 절실하게 제가 키우고 싶었어요. 먹고살기 어려울 만큼 힘든 건 아니니, 부족하게 살더라도 아이 곁에 있고 싶어 퇴사했습니다. 결론적으로 경제적으로는 풍족하지 않지만, 제가 선택한 생활에 매우 만족합니다.
　얼마 전 꽤 높은 자리까지 올라간 여자 후배들 이야기를 전해들은 적이 있어요. 나도 계속 일했으면 그만큼 올라갔겠지 하는 생각을 잠시 했지만, 부럽진 않았어요. 육아라는 게 정답이 없는 것처럼 직장도 선택의 문제인 듯합니다. 어떤 선택이든 본인의 의지로 결정하고 이후의 상황을 헤쳐나간다면 후회는 없지 않을까요.

> Re:
나의 선택이 가져오는 장점을 바라봅니다

중빈이가 어렸을 때부터 사랑이 넘칠 때마다 제게 하는 질문이 있습니다. "엄만 누구 거?" (자기 거라는 말이 듣고 싶어서겠죠.) 그때마다 저는 냉정할 정도로 항상 똑같이 대답합니다. "엄만 엄마 거." 그리고 덧붙입니다. "너는 너 거. 아빠는 아빠 거."

엄마의 인생은 엄마의 것입니다. 다만, 아이가 성년이 되는 20년 동안 잠시 아이에게 그 큰 부분을 '대출'해주는 것이죠. 그러므로 모든 엄마들은 자신들의 인생 계획을 장기적으로 보고 세워야 합니다.

저는 여기에서 한 가지를 전제하고자 합니다. 완벽한 엄마는 없다. 완벽한 엄마의 신화를 부수자. 노력하는 엄마가 있을 뿐이다. 노력함에 있어서 스트레스가 없는 상황은 없다. 좀 더 견딜 만한 스트레스 상황을 선택할 뿐이다. 어떤가요? 이 전제에 동의하시나요?

그렇다면 먼저 이 얘기부터 안 할 수가 없군요. 저는 워킹맘이 전업맘보다는 육아에 소홀할 수밖에 없다는 것에 당당해졌으면 좋겠습니다. 당신은 전업맘이 할 수 없는 것을 하고 있습니다. 전업맘이 워킹맘이 할 수 없는 것을 하듯이요. 이 둘은 '다른 선택'일 뿐입니다. 죄책감이란 단어는 집어치우세요! 대체 이 단어가 어디서 튀어나왔단 말입니까? 가당키나 합니까? 지금 사기, 절도, 도박에 대해 말하고 있나요?

일하고 싶거나, 아이를 잘 키우고 싶거나, 둘째를 낳고 싶거나 하는 욕망들은 모두 아주, 아주, 아주 건강한 욕망들입니다. 그리고 여러분들은 아주 용감한 사람들입니다. 이렇게나 안 도와주는 사회에서 아이를 낳고 일까지 해내고 있으니까요. 애국자들이자 용사들이죠. 어떤 이야기를 하든, 그 자부심에서부터 출발합시다. 제발.

고민글은 워킹맘의 '교육'에 대한 고충에 좀 더 방점이 찍혀 있었는데, 줄줄이 달린 댓글에는 워킹맘으로서의 정체성에 대한 고민이 좀 더 많았습니다. 아이의 연령 차만 있을 뿐, 결국 같은 이야기인지도 모르겠습니다. 아기를 가진 워킹맘들은 엄마로서 '육아'에 충실할 수 없는 부분에 괴로워하고, 그 아기가 몇 살 더 먹어 취학을 앞두게 되면 '교육'이 당면과제로 닥치는 수순이니까요.

그러므로 문제의 시작은 같습니다. 남녀 모두 돈을 벌어야만 살 수 있는 사회, 하지만 육아는 도와주지 않는 사회. 게다가 설상가상으로 남성은 집 안에서 게으르게 키워지는 사회, 나아가 여성은 무시하면서 모성은 과대포장 하는 사회. 누가 봐도 이 네 가지는 상식적으로 한 주머니 안에서 공존할 수가 없는 것들입니다. 당연히 한 '엄마'의 삶에서도 공존할 수가 없죠. 〈어벤져스〉의 주인공들이라면 모를까, 한 사람의 힘으로는 해결할 수도, 감당할 수도 없습니다.

자, 그런데 나에게는 지금 아이가 있습니다. 네 가지 중 어느 한 가지라도 좋아지려면 하 세월이 걸릴 것 같은데, 아이는 지금 어린 눈망울로 나만 바라보고 있지요. 지금 당장 어떤 것이든 결정을 내려야 합니다. 미칠 노릇입니다.

선택은 언제나 어려운 일입니다. 그런데 선택해야 한다면, '엄마의 인생은 엄마의 것'이므로 이것을 기준으로 생각합시다. 나는 무엇을 가장 원하는가? 제도적 보완이 잘 되어 있다면 어떤 하나를 선택했을 때, 선택되지 않은 것에 대한 손실이 줄어들 수 있습니다. 그런데 이 나라는 그러하지 못하니 다시 반대 방향으로도 생각해봐야 합니다. 나는 무엇을 내려놓았을 때 가장 견딜 수 없는가? 두 가지 질문에 대한 답이 같다면 잘 됐어요. 그쪽으로 나아가면 됩니다.

두 질문에 대한 답이 다르다면 어쩔 수 없이, 가슴 아프지만 우선순위를 매겨야 합니다. 네, 이곳은 잔인한 곳입니다. 독일처럼 오후 서너 시에 육아하라고 집에 보내주지 않고, 한 번 일을 그만두면 대부분의 경우 그걸로 경력은 끝이 납니다. 그러니까 우선순위를 매기고 그것에 준해서 생활의 중요도를 재편성해야 합니다. 예를 들어, 나는 나의 20년 뒤를 보고 일을 선택하겠다고 했으면 일해야죠. 대신 아이를 잘 봐줄 사람을 확실하게 구하셔야 합니다. 처음 몇 년간은 버는 것 전부를 거기에 써도 할 수 없다는 마음으로요. 이 경우 우선순위가 '일 〉 아이 〉 돈'이 되는 거죠.

여기서 중요한 것은, 마음도 그것에 준해서 반응하도록 길들여야 한다는 것입니다. 나의 선택이 최선임을 기쁘게 받아들이고 결정 후에 우왕좌왕하는 심적 낭비를 줄이는 것이 중요합니다. 바로 이것이 소신입니다. 소신, 별거 아니죠? 어떤 문제가 생긴다면 그건 닥쳤을 때 생각하면 된다는 마음가짐이 필요합니다. 미리 다 싸안고는 한 걸음도 내디딜 수가 없어요. 문제가 닥쳤을 때, 다시 중요도를 재편성하면 됩니다. 욕먹는 걸 두려워하지 마세요. "그래, 넌 떠들어!"라고 말하세요. 언제라도 나는 내 선택을 지지하고 응원해주는 사람이 되어야 합니다. 팔랑귀를 잘라버리세요. 나는 내 식으로 내 인생을 살아가는 겁니다.

*

이제 현실적인 얘길 하겠습니다. 집에 엄마가 없는 시간이 많아도 아이는 큽니다. 특히 아이들은 사춘기가 되면 집에 엄마가 자주 없었으면 합니다. 물론 어릴 때는 엄마가 많이 필요하죠. 하지만 둘 다 가질 수 없는 사회에서 피치 못하게 선택을 하였으면, 아까 말씀드린 '엄마 노릇은 장장 20년 대출'임을 잊지 마세요. 아이가 좀 더 자랐을 때, 일이 있는 엄마를 자랑스러워할 수도 있습니다. 지금은 동동거리지만, 그때에는 직장생활을 한 엄마만의 경험과 여유로 아이에게 또 다른 것을 줄 수도 있을 겁니다. 또 요즘처럼 교육 광풍이 불 때에 시시각각 지나친 엄마의 관심과 감독은 아이에게 독이 되는 경우도 많습니다. 그런 장점들을 보며 나아가세요. 방과 후 학원에 돌려지는 것이 안쓰럽더라도 아이만의 자생력을 믿으세요. 꼭 엄마가 끼고 있어야만 인생을 배우는 것은 아닙니다. 짧더라도 아이와 함께 있는 시간을 충실히 보내면 되죠.

    정해진 우선순위는 없습니다. 내가 가족과 함께 정하는 그 답이 정답이 됩니다. 그 어떤 선택도 스트레스를 동반합니다. 하지만 그 어떤 선택도 스트레스에 짓눌려서는 안 됩니다. 내가 이 선택으로 아이에게 줄 수 있는 것을 보세요. 그로써 나의 선택에 '소신'을 가지세요.

일하고 싶거나, 아이를 잘 키우고 싶거나,
둘째를 낳고 싶거나 하는 욕망들은
모두 아주, 아주, 아주 건강한 욕망들입니다.

그리고 여러분들은
아주 용감한 사람들입니다.
이렇게나 안 도와주는 사회에서
아이를 낳고 일까지 해내고 있으니까요.

어떤 이야기를 하든,
그 자부심에서부터 출발합시다.

두 번째 질문

일과 아이, 무엇이 우선되어야 할까요?

아이를 출산하고 출산휴가 3개월을 정말 감사한 마음으로 보냈습니다. 그 3개월이 정말 일주일처럼 금방 지나가더라고요. 이후에 친정어머니가 아이를 돌봐주셨지만, 친정어머니 건강도 좋지 않으셔서 제 마음은 편치 않았답니다. 결국 나름대로 최선의 선택으로 집에 CCTV도 달고 인상 좋으신 베이비시터를 고용했습니다.

그런데 베이비시터 이모님이 오신 지 2주가 지나서야 문득 알게 된 사실이 있어요. 그렇게 방실방실 잘 웃던 아이가 절 봐도 웃질 않고 표정이 어둡다는 것. 뭔가 잘못된 것 같다는 생각에 베이비시터 이모님께 다음 주부터 오시지 말라고 말씀드렸죠. 당장 아이는 어떻게 돌볼지 아무런 계획도 없이 일방적으로 해고를 통보한 거죠.

처음엔 제가 너무 극성스럽고 예민한 건 아니었는지 후회되더군요. 그런데 얼마 후 이웃에 사는 아기 엄마가 베이비시터 이모님이 우리 아이한테 거칠게 대하는 행동을 보고 너무 놀라서 가던 걸음을 멈추고 몰래 지켜보기까지 했단 말을 전하더라고요. 그때서야 아이의 웃음이 없어진 이유를 알겠더군요.

그런 일을 겪고는 말도 못하는 아기를 생판 모르는 베이비시터하고만 두는 것을 결사반대하고 다닙니다. 이후로 아이는 어린이집에 가게 되었고, 다행히 너무 좋은 선생님들을 만나게 되어 지금까지 건강하게 잘 자라고 있습니다. 어린이집에 대한 사회적 불신이 클 때에도, 전 어린이집 선생님들께 항상 고마운 마음이 컸어요.

하지만 매일 아침 출근 준비와 등원 준비의 조급함이 몰려오면 아이에게 무서운 엄마로 돌변하고 맙니다. 그래서인지 항상 제 마음은 아이에 대한 미안함과 현실에 대한 짜증이 뒤섞여 있습니다. 아이 아빠는 거의 1년의 반은 해외출장 중이고, 한국에 들어와 있다고 해도 육아는 오롯이 저의 몫입니다. 출산 전부터 시중에 나와 있는 육아서들은 닥치는 대로 다 읽으며 어지러운 제 마음을 다잡곤 했지만 그건 그때뿐, 실상 아이에게 도움은 되었을까 싶은 미안한 마음뿐입니다.

오늘 아침에도 아이는 저를 꼭 껴안고 떨어지려 하지 않습니다. 그런 아이에게 조급한 마음으로 "엄마가 회사 가서 돈을 벌어야 그 돈으로 ○○가 좋아하는 과자, 장난감, 이런 걸 살 수 있어. 과자 안 먹을 거야?" 이랬더니 아이는 과자도 먹지 않겠답니다. 아이의 대답에 갑자기 울컥해서 아이를 꼭 안아줬습니다. 그리고 24개월 아이 앞에서 돈, 돈, 하는 제 자신이 너무 부끄럽고 한심했습니다.

'일 〉 아이 〉 돈'의 순서로 우선순위를 매기고 자신의 일을 사랑하는 워킹맘들이 부럽습니다. 저는 단순히 돈벌이로 일을 하고 있을 뿐이지, 지금 하는 일에 보람을 느껴본 적도 없고, 앞으로의 제 커리어에 큰 도움이 될 거라는 생각도 하지 않습니다.

하지만 이 일을 놓지 않는 첫 번째 이유는 경제적으로 남편에게만 의지하기는 싫기 때문입니다. 두 번째 이유는 당장 이 일을 그만두면 앞으로 두 번 다시 이와 비슷한 대우를 받으며 일하는 게 어렵다고 생각합니다. 제 마음속 우선순위는 '아이 〉 돈 〉 일'인 것 같지만, 제가 아침에 아이한테 했던 짓을 생각하면 '돈 〉 아이 〉 일'인 것이 현실. 이렇게 갈팡질팡하니 항상 마음에 불만이 가득합니다. 저의 이런 갈등과 고민이 아이에게 나쁜 영향을 끼칠까 걱정입니다.

↳ **훈이엄마 님**
중3, 중1 아이를 둔 엄마입니다. 그동안 워킹맘으로 일하면서 여러 명의 베이비시터를 전전하며 아이를 키웠습니다. 아이들은 시터가 바뀌고 나서야 그전 시터의 좋지 않았던 점을 이야기해주곤 했습니다. 자기들이 힘들다는 걸 알면 엄마 마음이 아플 것 같다고 하면서요. 그때마다 제 마음도 주저앉았습니다.

그럼에도 불구하고 지금 내가 당장 일을 나가지 않으면 빚을 싸안고 있겠단 생각에 일터에 나갈 수밖에 없었습니다. 그리고 여러 육아서들과 육아 전문가들이 애착의 중요성에 대해 말하는 것을 볼 때마다 죄인의 마음으로 혼자 자책할 수밖에 없었습니다. 아직 아이들이 다 컸다고 할 수는 없지만, 저는 그렇게 생각합니다. 지금 내 자리에서 내가 해줄 수 있는 것을 해주면 된다고요. 그리고 마음을 다해 사랑한다고 이야기해주고, 내 품으로 안아줄 수 있으면 아이도 그 마음을 알아주고 받아준다고요. 절대 다른 사람과 비교하지 마세요. 엄마 스스로가 불행하면 아이 역시 불행할 테니까요.

달고나인생 님

저 또한 돈을 벌기 위해 일하는 엄마입니다. 경제적으로 어렵다는 걸 부모님이 말씀하시지 않아도 알 만한 나이가 됐을 무렵, 엄마에게 문제집 하나 산다고 말하는 게 저에게 얼마나 마음 졸이는 일이었는지 몰라요. 그래서 우리 아이는 '엄마가 돈이 없어서 안 돼'라든지 '엄마가 돈 때문에 힘들어해'라고 생각하지 않고 자랐으면 하는 게 솔직한 마음입니다. 그래서 오늘도 돈을 법니다. 내일은 더 많이 벌고 싶은 욕심도 듭니다. 하지만 결과적으로 돈의 크기로 행복이 좌우되는 기로에 서 있지 않기를 바랍니다. 저도, 아이도요.

박하사탕 님

어느덧 여덟 살, 열 살이 된 두 아이를 키우고 있는 워킹맘입니다. 회사와 집을 오가며 힘든 나날들을 보냈습니다. 남들보다 일찍 일어나고, 무슨 일이든 두 배로 하면서 10년이란 시간을 보냈네요. 그런데 아이들이 많이 큰 지금 돌아보면, 그동안 회사생활 했던 것을 후회하지는 않습니다.

아빠들은 돈을 벌러 나가면서도 아이들에게 미안해하지 않습니다. 경제활동을 하는 것은 성인 남녀의 당연한 의무이자 권리입니다. 아이에게 미안한 마음을 가지실 시간에 우리 조금 더 부지런해집시다. 부디 일하면서 아이를 키우는 엄마들, 힘내세요.

> Re: **'작은 습관'을 바꿔 아이와 짧지만 진하게 교감하세요**

　제가 앞의 글에서 '삶의 우선순위'를 정하라는 말씀을 드렸습니다. 우선순위를 정하고 지키는 것이 결국 소신 있는 육아로 연결된다고도 말씀드렸고요. 그때 일이 주는 성취감을 1번으로 선택하는 상황을 예로 들었기에 이번 고민글을 주신 분께서 '성취감도 없이 돈 때문에' 일해야 하는 상황의 어려움을 털어놓으신 것 같네요. 자, 돈이 1번이 되는 선택은 어떤가요?
　결론부터 말하자면, 저는 지지합니다. 여성의 경제적 자립을 위한 선택이라는 전제하에 말입니다. 그러므로 여기에선 '돈'을 '경제적 자립'이라 부릅시다. 자본주의 사회에서 성인이 경제적 자립력을 갖는 것은 매우 중요합니다. 경제적 자립을 전제하지 않고서는 대부분의 것들이 불가능해지죠. 경제적 자립을 못해서 절망적인 결혼생활을 울며 겨자 먹기 식으로 유지하는 여성들을 많이 봅니다. 그런 경우일수록 자식이 결혼생활 유지의 핑계가 되거나, 사는 목적이 되기 십상입니다.
　특히나 한국에서는 그 자식이 좋은 대학에 가는 것이 실패한 결혼의 유일한 성공처럼 여겨지고, 절망 속에 흘려보내야 했던 자기 생에 대한 보상이 되는 식입니다. 자식 입장에서는 당연히 어마어마한, 그리고 매우 건강하지 못한 부담을 짊어질 수밖에 없죠. 이런 분들의 '빈 둥지 증후군(중년의 주부가 자기 정체성의 상실을 느끼는 심리적 현상)'은 더욱 심해서 자식이 성인이 되어 취직을 해도, 결혼을 해도, '헬리콥터맘'으로 남기가 쉽습니다.

지금 '과자를 안 먹겠다'고 말하며 우는 아이를 떼어놓는 건 정말 가슴 아픈 일일 겁니다. 하지만 한 아이가 성인이 될 때까지 겪는 20년어치의 고통을 총량으로 생각해본다면, 지금의 결정이 생의 전체를 두고 보았을 때, 고통을 줄이는 선택일 수도 있습니다. 재취업 하는 것이 불가능할 때, 가정으로부터 늘 멀기만 한 남편을 두었을 때, 저는 여성이 경제적 자립을 1번에 두는 것은 매우 영리한 선택이라고 생각합니다.

미래에 경제력을 지닌 엄마로서 자식과 나눌 수 있는 시간들에 대해 더 많이 생각하세요. 그때에 다 큰 아이와 둘이서 즐겁게 할 수 있는 것들의 목록을 한 번 쭉 적어보세요. 그리고 지금은 아이에게 미안해하지도, 부끄러워하지도 않으셨으면 좋겠습니다.

흔히들 불행을 떠나보내고 행복이 오도록 하기 위해서는 커다란 결정을 내리고 생활의 큰 틀을 바꿔야 한다고 생각하지만, 저는 외려 '작은 습관'을 바꿀 때에 행복이 더 자주 온다고 생각합니다. 아침에 조금만 일찍 일어나서 출근 준비를 마치시고 온전히 아이에게 집중하는 시간을 가져보세요. 20분이라도요. 어린이집까지 함께 걸어가며 이야기를 나눈다든지, 꼭 품에 안고 이야기책을 몇 권 내리 읽어준다든지. 등원 준비가 시간을 채근하는 낯선 엄마와 이별 의식을 치르는 괴로운 일이 아니라 짧고 굵게 엄마와 사랑하는 시간이 될 수 있도록요.

압니다. 아침 시간에 아이 챙기랴 출근 준비하랴 얼마나 바쁜지. 그럼에도, 그래서 더욱, 이 작은 습관을 애써 들이시면 어떨까 생각해요. 아이가 조금만 더 클 때까지. 그리고 한 가지 더. "과자 못 사줘" 같은 '현실적인' 설명보다는 "우리 ○○가 엄마랑 헤어지려니 참 속상한가 보구나. 엄마도 그래. 그러니까 우리 뽀뽀 100번만 할까?" 같은 '마음을 읽어주고 기분을 좋게 해주는' 말이 아이에겐 언제나 더 잘 들립니다.

마지막으로 가장 중요한 것. 육아서는 집어던지세요. 아이와 시간을 많이 보내지 못하는 워킹맘일수록 더더욱요. 뜨거운 연애를 하는 사람은 연애소설을 읽지 않는 법입니다.

육아서 읽을 시간에 그냥 육아를 하세요. 둘이 함께 폴짝폴짝 뛰고, 아이스크림을 먹고, 꽃구경을 하세요. 마구 끌어안고 마구 비비고 마구 사랑한다고 말하세요. 모든 육아서는 그런 소중한 시간을 갖기 위한 요령을 나열한 것에 지나지 않습니다.

흔히들 불행을 떠나보내고
행복이 오도록 하기 위해서는
커다란 결정을 내리고
생활의 큰 틀을 바꿔야 한다고 생각하지만,

저는 외려 '작은 습관'을 바꿀 때에
행복이 더 자주 온다고 생각합니다.

세 번째 질문

육아서 속의 조언, 어떻게 받아들여야 하나요?

일과 육아의 우선순위에 대한 글, 한 문장 한 문장 정말 깊이 공감했습니다. 하지만 '육아서는 집어던지세요'라는 문장은 조금 더 구체적인 설명이 필요합니다. 워킹맘들끼리 서로 위로가 되는 듯하면서도, 저마다 처한 사정이 다르고 아이의 성향도 다르니 한편으로는 깊은 위로를 주고받기가 어려운 경우도 많거든요.

전업맘들에게 워킹맘으로서의 고충을 토로하고 의지하는 건 더더욱 어려운 일이라 결국 육아의 어려움을 책에 의지하게 되는 것 같습니다. 아이만 붙들고 있다 보면 육아의 힘든 상황에 더욱 매몰되어 마음은 그렇지 않은데도 아이에게 거칠게 대하는 일도 많아요. 그래서 차라리 아이 옆에서 아이가 노는 것을 지켜보며 책을 읽기도 합니다.

물론 육아서적을 10여 권 정도 읽어보니 중복되는 부분도 많고, 하는 말이 다 비슷비슷하다는 인상도 받습니다. 그럼에도 불구하고 지친 마음을 다스리고 위로받고자 책이라도 읽고, 하소연하는 글이라도 쓰는 건지도 모르겠습니다.

↳ **아롱다롱 님**

첫아이 낳고 육아서를 많이 읽었어요. 모르는 것이 너무너무 많아서요. 그리고 무조건 그게 정답인 줄 알았죠. 프랑스 육아, 독일 육아, 전통 육아, 핀란드 육아, 감성코칭, 마음 읽어주기 등에 관한 책들도 줄줄줄 읽었어요. 그렇게 몇 년을 보내고 난 뒤 이제는 육아서, 가끔 봐요.

'책으로 육아를 배웠어요'를 몇 년 했더니 역설적으로 책보다 더 중요한 게 많다는 걸 배웠거든요. 바로 육아는 책으로 배우는 게 아니구나 하는, 큰 가르침이요. 엄마가 행복해야 아이도 행복하다는 것, 육아서 말고 엄마가 보고 싶은 책을 많이 보면 오히려 육아서를 볼 필요가 아주아주 적어진다는 것도 깨달았습니다.

↳ **누리마루맘 님**

육아는 책으로 배우는 게 아니지만, 아무것도 모르는 것보다는 그래도 알고 대처하는 게 더 좋은 것 같기도 해요. 책 속의 좋은 글귀가 새로운 깨달음을 주고 생각을 환기시키는 역할을 하기도 해서요.

육아서를 읽으면서 책 속의 내용이 무조건 정답이라고 생각하기보다는 내용을 자세히 뜯어보고 우리 아이의 상황과 비교해보고 적용해보는 것은 어떨까요?

> Re: **엄마 자신을 위한 책을 읽는 것이 중요합니다**

이해합니다. 제가 뜨겁게 연애하는 사람은 연애소설을 읽지 않는 법이라고 했는데, 이놈의 연애가 뜻대로 안 풀릴 때는 이것저것 뒤적이게 되어 있죠. 그렇다면 육아서는 언제 뒤적이는 게 좋을까요?

육아서는 매우 '구체적인' 사안이 있을 때 펼쳐보는 것이 바람직합니다. 아이가 밥을 안 먹는다거나, 너무 늦게 잔다거나, 해결하고자 하는 문제가 분명할 때, 바로 '그것'에 대한 전문가의 팁을 찾아보기 위해서요. 전문가의 조언은 언제나 도움이 되죠. 사람은 배워야 하고, 초보 엄마들은 더더욱 배워야 합니다.

하지만 한 가지 전제를 명확히 해야 합니다. 육아서가 육아에 대한 나의 '전반적인' 불만이나 불행의 느낌을 해소시켜줄 수는 없다는 것. 아이만 보면 다가올 미래가 갑갑해진다든지, 아이가 멍하니 있으면 괜스레 초조해진다든지, 아이와 딱히 하는 일도 없이 집구석에서 시간만 낭비하는 것 같다든지, 반대로 육아와 관련된 일은 너무 많은데 보람은 없다든지, 그래서 아이를 신경질적으로 혹은 폭력적으로 대할 때는 육아서만으로 이것을 해결할 수 없습니다. 내가 아이와 관련된 책이 아니라 나와 관련된 책을 봐야 할 때이기 때문입니다. 육아보다 더 큰, 내 생활과 삶의 구조를 살펴야 할 때이기 때문이죠.

*

대부분의 엄마들이 몇십만 원씩 하는 그림책 전집을 들여놓고 또 육아서에는 돈을 아끼지 않으면서, 정작 자신이 읽고 싶은 책은 살까 말까를 고민하며 몇 번씩 들었다가 내려놓습니다. 위험한 신호입니다. 자신을 잘 돌보고 있지 않다는 신호요. 자신을 잘 돌보지 않는 엄마가 어떻게 아이를 잘 돌보겠습니까? 지치고 메마른 땅에서 어떻게 좋은 나무가 자라겠어요? 아이 책 한 권 살 때, 엄마 책은 세 권 사야 합니다. 냉정히 말하자면 어차피 아이는 데리고 도서관에도 가줘야 하고, 그러면 거기서 책을 읽어주기도 해야 하고, 양껏 대출도 받아서 오니 아이 입장에서는 꼭 많은 책을 사야 하는 건 아닙니다. (여러 번 반복해서 읽는 책 위주로 사는 정도가 좋을 겁니다.)

하지만 엄마는 짬날 때마다 손닿는 곳에 책을 두지 않으면 읽지 못하잖아요? 5분씩, 10분씩, 화장실에서도, 젖 먹이다가도, '어린 상전들'께서 허락할 때만 읽을 수 있죠. 한 권을 한 달 넘도록 다 못 읽을 때도 있어요. 그러니 그토록 바쁘고 애쓰는 자신을 대견해하며 책을 사주세요. 아이가 책 안 읽는 것만 안타까워하지 말고, 내가 이 바쁜 와중에 황금같이 주어지는 10분을 '아이 책 사느라 내 책 안 사서' 놓쳐버리는 걸 안타까워하세요.

임신했을 때 태아를 위해 좋은 음식을 당당하게 요구하고 기꺼이 먹지 않았던가요? 이제 엄마는 육아를 위해 자신의 정신을 살찌우고 행복을 선사해줄 책을 당당하게 읽어야 합니다. 육아'책'에 대해 이야기를 하다 보니 엄마의 '책'에 국한해 이야기했습니다만, 본래는 엄마의 '세계'로 바꿔야 하는 이야기였습니다. 내가 육아를 항시적으로, 유난히 힘들게 느끼고 있다면 그 까닭과 해법을 아이(와 관련된 책)에서만 찾지 말고 엄마의 세계에서 찾으라는 이야기입니다.

시부모나 남편과의 불편함 같은, 관계 속에도 원인이 있을 수 있겠죠. 성장 과정에서 해소되지 못한 '어린 나' 때문일 수도 있어요. (이 경우 원가족과의 관계도 들여다봐야 할 겁니다.) 혹은 하고 싶은 일이나 꿈을 육아가 가로막고 있다는 피해의식에서 비롯된 것일 수도 있습니다. 아니면 그 어떤 뿌리도 없이 아이가 일찍부터 책을 줄줄 읽어주고 쫙쫙 외워줘야만 안심할 자격이 부여되는 이 미친 사회가 부추긴 불안감일 수도 있습니다.

*

이유야 다양할 겁니다. 처방도 다양할 테고요. 중요한 것은 나를 위한 처방을 내리고 나를 위해 아낌없이 약을 산다는 것입니다. '공부'든, '상담'이든, '취미생활'이든, '일'이든, '우정'이든 내가 건강해질 방도를 마련해야 합니다. 내가 건강해야 육아도 건강합니다. 콕 집어 어느 한 가지가 육아서에서 궁금한 것이 아니라면, 그런데 나의 육아가 건강하지 못하다면, 나를 둘러싸고 나를 지배하는 더 큰 것들에 관심을 기울이세요. 거기에서 나를 자꾸 특정한 심리적 기저로 몰아넣는 원인을 더듬어보세요. 내가 놓인 구조를 이해하지 못하면 그것에 끌려갑니다.

특히나 우리 사회에는 제아무리 건강한 정신세계를 지닌 엄마라 해도 그에게서 '소신'을 뺏고, 대신 '팔랑귀'라는 칩을 심어서 자신들의 수익을 도모하는 방향으로 질질 끌고 가는 교육 시장이 어마어마하게 커다란 입을 벌리고 있지 않습니까. 더, 더, 더더욱, '엄마의 세계'는 임신을 준비하면서부터, 임신 중에도(아이를 위한 태교보다도 우선적으로), 출산 뒤에는 쭉, 돌봄을 받고 튼튼해져야 합니다.

네 번째 질문

사교육을 시키지 않겠단 결심이 흔들리는데, 어떻게 해야 할까요?

다섯 살, 여섯 살 두 아이를 키우고 있는 엄마입니다. 그런데 주변 엄마들이 아이들 학습은 무얼 시키느냐, 학원은 어디 다니느냐, 홈스쿨링 업체는 어디를 이용하느냐 등의 질문을 해오면 저도 모르게 절로 말문이 닫힙니다. 사교육을 전혀 하고 있지 않다는 말이 쉬이 입 밖으로 나오지 않습니다.

아이들이 일곱 살이 되기 전까지는 학습을 시키지 않고, 놀이와 체험만 하겠다던 저의 교육적 결심이 아이를 방치하는 엄마라는 손가락질로 바뀌는 경험을 많이 했기 때문일까요? 그런 질문들을 받을 때마다 어쩌면 좋을지 혼란이 옵니다.

제가 많은 사람들의 말대로 아이들 교육을 잘못하고 있는 건 아닌지, 정말 나중에 저희 아이들이 또래들보다 많이 뒤처져서 다른 아이들과 어울리지도 못하고 따돌림까지 당하는 것은 아닐지 걱정됩니다.

엄마가 되어 아이들을 키우고 가르치는 것은 처음 겪는 일이다

보니 (누구나 엄마가 된다는 건, 처음 겪는 일이니까요) 제가 확신했던 가치관조차 흔들리고 마음이 점점 불안해지네요.

↳ nana 님

다섯 살 딸과 아들 하나를 품고 있어요. 사교육은 아직 하고 있지 않습니다. 유치원 종일반에 보내는 것도 미안해서 아직 예정도 없어요. 제 생각은 유치원에서 받는 정규교육만으로도 그 나이대에 해줘야 할 교육은 충분하다고 봐요.

유치부 때 사교육은 정서적 교감과 놀이가 도구가 되어야 한다고 생각해요. 학교를 가기 위한 지식보다 그 지식을 쌓기 위한 인성과 한국의 교육 환경을 견딜 수 있는 바탕을 키워주는 게 필요할 것 같아요. 1시간도 안 되는 홈스쿨링보다 퇴근한 엄마가 이야기 속에 담아주는 지식과 아침에 일찍 일어난 아빠가 내는 퀴즈 속에 더 큰 생각이 담긴다고 믿어요.

태어나는 방법을 알고 있듯 아이의 그릇과 생각을 키워주면 스스로 적절한 시기에 배워야 할 것들에 대해서 호기심을 보여주는 것 같아요. 제 아이는 종이접기를 못하면 밤새 종이를 접는 아이이고, 9를 못 쓰면 매일 9만 써대는 아이입니다. 물론 짜증을 바가지로 내면서요. 제가 한 일은 실패한 종이접기에 상상력을 더하고, 잘못 쓴 9에 이야기를 입혀 아이가 흥미를 갖도록 하는 거였어요.

아이들은 모두 다르고, 아이를 가장 잘 아는 사람은 엄마니까 모든 엄마들이 용기를 냈으면 좋겠어요!

↳ pipi 님

비슷한 생각을 가진 친구(아이 친구의 엄마)를 찾아보세요. 분명히 주위에 한 명은 있을 거예요. 저도 여섯 살 아이를 키우는데 사교육은 하지 않고 어린이집 하원하면 놀이터에서 날이 어둑해질 때까지 놀아요.

저는 저와 비슷한 교육 철학을 가진 친구들을 찾아 그들과 대화하고, 육아와 교육 관련한 (저의 가치관을 더 탄탄하게 해줄) 좋은 강의가 있으면 같이 듣기도 하면서 불안감을 많이 해소하고 있어요.

학교(공교육 기관)에 들어가면 어쩔 수 없이 입시 위주의 경쟁적 교육 환경에 놓이게 될 텐데, 어릴 때만이라도 실컷 행복하게 놀아야 하지 않을까요? 공부는 마라톤인데 처음부터 너무 힘쓰면 지치는 순간도 빨리 올 거라 생각해요.

↳ oceanblue 님

저는 고민글을 쓰신 분과 비슷한 육아를 해왔어요. 그런데 아이가 유치원에 적응을 하고 여섯 살이 되니 자기만 모르는 것이 있다며 너무 속상해하더라고요.

그런 모습을 보고 있으니 나의 사교육과 공교육에 대한 불안과 불신 때문에 아이가 원하는 걸 오히려 해주지 않고 있었던 건 아닌가 싶은 생각이 들었어요. 그래서 아이가 속상해하는 부분이 무엇인지 이야기를 나누고 학습지를 해보기로 결정했어요. 이제 1년 정도 되어가고 있네요. 놀이시간은 물론 예전과 같이 충분히 확보해주려고 하고 있고요.

저는 엄마 욕심으로 인해 아이의 놀이시간을 온통 사교육으로 채우는 건 문제이지만, 아이가 부족한 부분을 엄마가 직접 가르쳐주기에 어려움이 있다면 오히려 사교육이 도움이 되는 경우도 있다고 봐요.

더불어서 자신의 교육 방식이 옳다고 생각하신다면 다른 엄마들의 말에 흔들리지 않으셨으면 해요. 자기만의 방식으로 아이를 키우는 용감한 엄마들이 우리 사회에는 정말 많이 필요하거든요!

HYEJIN 님

주변 엄마들이 고민글을 쓰신 분의 소신을 존중하지 않고, 아이를 방치하는 엄마라는 둥 비판하는 반응을 보이는 것은 아마도 불안한 마음에서 그런 것이 아닐까요? '내가 이렇게 하고 있으니 너도 이렇게 해, 똑같이!' 그리고 이런 주변 엄마들의 반응이 마음에 걸리시는 건 '나만 좀 다른 건가?' 하는 불안감 때문일 테고요. 반대로 누군가 나와 같은 길을 가고 있다는 사실을 알게 되면 마음이 놓이게 될 겁니다. 주변에서 자신과 비슷한 양육 철학을 가진 분을 찾아 교류할 수 있도록 노력하시는 일이 필요할 것 같아요.

아이가 초등학교에 입학해서 다른 아이들보다 뒤처지고 따돌림 당할까 봐 걱정이 되시는 건, 엄마라면 당연히 가질 수 있는 마음입니다. 그리고 실제로 그런 일을 당할 수도 있고요. 그러나 그 이유가 조기 사교육을 받지 않아 성적이 좋지 않기 때문인 것은 아닐 겁니다.

오히려 이른 사교육으로 배움에 질려버려서 더 이상 배우고자 하는 의지가 없는 아이이거나, 부모와의 관계에서 상처가 많아 마음이 많이 다친 아이들이 또래와 어울리는 것을 힘들어하고, 선생님의 가르침도 잘 받아들이지 못하더라고요.

> **Re: 아이에겐 스스로 깨치는 시간이 가장 중요합니다**

유아의 사교육이 이토록 광범위하게 이슈가 되는 건 전 세계에서 대한민국이 거의 유일할 겁니다. '유일하다'는 것은 대부분이 하지 않는 짓을 하고 있다는 뜻이겠지요. 우린 왜 나머지 인류가 하지 않는 것을 앞다투어 할까요? 모든 직업이 똑같이 귀하게 대접받지 못하는 학력 위주의 사회이기 때문입니다. 그 학력을 '가진 자'와 '못 가진 자'로 나누는 시험, 즉 대입시험을 아이들에게 보다 일찍부터 준비시키기 위해서이죠.

그리고 그 시험에서 이기기 위해 온갖 수단과 방법이 동원되고 있습니다. 나머지 인류가 "그건 아동학대다"라고 말하거나 "그건 교육이 아니라 코미디다"라고 비웃는 것에도 우리는 아랑곳하지 않은 지 오래되었습니다. 남이야 비웃든지 말든지 엄마들은 말합니다. "로마에선 로마법을 따르랬다고, 이 나라에서 살아가려면 어쩔 수 없잖아?" "다 하는 짓을 나만 안 하면 우리 애는 어떻게 되겠어?"

＊

　전 세계적으로 취학 연령은 만 7세를 전후로 합니다. 인류가 인간의 발달단계에 맞추어 동의한 시기라고나 할까요? 그때가 되면 효과적인 사회활동과 학습이 가능해진다고 보는 거죠. 만약 만 3세 때부터 효과적인 학습이 가능하여 그때부터 요령껏 붙잡고 가르치면 대학 입학 때쯤 월등히 명석한 청소년으로 자라난다고 칩시다. (이건 유아 사교육 기관에서 너나없이 하는 이야기죠?) 그렇다면 전 세계의 취학 연령은 바뀌었을 겁니다. 혹은 적어도, 전 세계의 유아 사교육 시장이 우리처럼 어마어마하게 성장했겠죠. 그런데 보시다시피 그렇지 않죠?

　우리의 학습 연령은 점점 내려가는데 왜 다른 나라들은 학습 연령을 더 낮추지 않을까요? 특히 우리보다 교육 예산이 풍부한 선진국들은 왜 그렇게 안 하는 걸까요? 이러다 우리 아이들이 전 세계의 '1등 똑똑이들'이 되어 세상을 지배하게 되는 걸까요? 어째 그럴 것 같지는 않죠. 아무도 우릴 안 따라하는 걸 보면요.

　맨정신을 지닌 엄마라면 위의 몇 가지 질문만으로도 우리가 얼마나 '시장'의 감언이설에 현혹되어 있는가를 분별할 수 있을 겁니다. 바깥세상은 우리와 다른 기준으로 학령기 아이들의 학습 수준을 가늠합니다. 알파벳을 읽거나 덧셈을 해내는 것이 기준이 아닌, 예를 들면 섬세하게 소근육을 사용할 줄 아는가? 올바른 취침습관과 식습관을 지니고 있는가? 친구들과 조화롭게 어울리는가? 다른 사람의 의견을 경청할 수 있는가? 자신의 의견을 또렷이 말할 수 있는가? 줄을 서고 기다릴 수 있는가? 감정을 적절한 방식으로 표현할 수 있는가? 혼자서 옷을 입을 수 있는가? 자신의 물건을 잘 정돈할 수 있는가? 등으로 가늠하죠.

우리는 반대로 아이가 영어 단어를 읽을 수 있다면, 물건 정리는 엄마가 해줘도 된다고 생각합니다. 옷 입는 것 정도야 매일 도와주면 된다고 생각해요. 옷 입는 것 정도야 때가 되면 누구라도 해내는 것이지만, 영어는 지금부터 앞서가야 누구도 따라올 수 없을 만큼의 실력이 된다고 생각하니까요. 이곳에서 '학력을 가진 자'가 된다는 것은 몇 안 되는 자리를 남보다 먼저 선점한다는 말의 동의어이고, 이를 위해 미리부터 엄마가 아이를 이리 끌고 저리 끌며 투자를 해야 한다는 의미로 굳어져버렸으니까요.

요즘 아이들은 아주 일찍부터 스스로 생각하고 싶은 것을 생각할 기회를 갖지 못합니다. 주어진 수업의 주제에 대해 생각하도록 강요받죠. 스스로 만져보고 싶은 것을 만질 기회도 갖지 못합니다. 주어진 교구를 만지며 해내야 할 동작을 지시받죠. 그렇게 스스로 깨치며 하나씩 배워나갈 힘을 박탈당합니다. 자발적인 시도나 창의적인 실수가 배제된 '가짜 배움' 속에서.

*

자, 그렇다면 지금 영어 단어를 곧잘 외지만 혼자서 옷을 못 입고 밥도 못 먹는 일곱 살 아이와 영어가 뭔지 모르지만 혼자서 옷을 잘 입고 밥도 뚝딱 잘 먹는 일곱 살 아이가 있다고 칩시다. 내년에 어떤 아이가 학교생활에 적응을 더 잘할까요? 10년 뒤 누가 더 자율적인 생활을 하고 있을까요? 자율적인 아이와 의타적인 아이 가운데 누구의 성취가 더 뛰어날 확률이 높을까요?

얼마 전 한 인터넷 카페에서 흥미로운 글을 보았습니다. 자녀의 초등 입학을 앞둔 엄마들이 한 영어교육 기관에 아이를 보내려 하면서 그 기관의 선발과정에 대해 궁금해하는 글이었죠. 엄마들의 관심은 영어를 어느 수준으로 준비시켜야 하는지에 집중되어 있었고, 그것과 관련된 힌트를 주는 댓글에는 또 감사의 댓글이 주렁주렁 달려 있었습니다. 마지막에 달린 댓글만 유일하게 영어가 관건이 아니라고 말했습니다. 자기 아이는 영어를 몇 단어만 구사하는 수준이었지만 평소에 아이들과 잘 어울려 놀게 두었고 엄마 자신이 봉사활동 하는 곳에 데리고 다녀서 그런지 주변 사람들을 잘 챙기는 편이라고 했습니다. 그렇게 인성에 중점을 두고 육아한 결과 아이가 그 기관에 합격했고, 자신도 그 결과에 깜짝 놀랐다는 댓글이었죠.

제가 놀란 것은, 거기엔 그 어떤 댓글도 달려 있지 않았다는 것이었습니다. '그런 부처님 말씀은 나도 하겠다'는 식으로, 아무도 그녀의 조언을 '실질적인' 것으로서 귀담아듣고 있지 않는 듯했죠. 그 기관은 저도 아는 곳이었습니다. 그곳에서는 어린아이들이 새로운 언어적 환경에 놓이면 어차피 그 언어를 빠른 속도로 흡수하게 되어 있다는 것을 알기에 그녀의 팁처럼, 정말로 아이의 인성과 사회성을 보고 선발합니다. 그러므로 그녀의 댓글은 거의 핵심이었습니다.

핵심을 외면한다는 것. (오래 걸리니까. 추상적이니까.)
그리고 당장의 요령만을 원한다는 것. (빨리 되니까. 측정 가능하니까.)

오늘날 사교육 시장이 성장하는 이유이고 엄마들이 헤매는 이유입니다. 아이들이 일곱 살이 되기 전까지는 사교육을 통한 학습을 시키지 않겠다고 결심하셨다 했죠? 그렇다면 겨우 1, 2년 남았네요. 아이들이 생각하고 싶은 것을 생각하고, 만져보고 싶은 것을 만지며 스스로 깨칠 힘을 키울 시간 말입니다. 그 시간을 지켜주지 못할 이유가 없습니다. 팔랑귀는 싹둑 잘라버리세요. 지금, 아주 잘하고 계신 겁니다.

요즘 아이들은 아주 일찍부터
스스로 생각하고 싶은 것을
생각할 기회를 갖지 못합니다.

스스로 만져보고 싶은 것을
만질 기회도 갖지 못합니다.

그렇게 스스로 깨치며
하나씩 배워나갈 힘을 박탈당합니다.
자발적인 시도나 창의적인 실수가 배제된
'가짜 배움' 속에서.

다섯 번째 질문

엄마표 영어를 못하는 대신, 영어 유치원에 보내야 할까요?

작가님의 블로그와 그간 펴내신 책을 살펴보니 영어를 중요하게 여기셔서 엄마표 영어를 꾸준히 지속하셨더라고요. 그런데 만약 이러저러한 이유로 엄마표 영어를 해주지 못한다면 어떻게 해야 하나요? 제가 워킹맘인데다가 퇴근도 늦는 편이고 집에는 영어를 봐줄 사람이 없는지라 아이가 그다지 영어에 노출이 되고 있지 않은 환경입니다. 그렇다면 차라리 영어 유치원에 보내는 게 나은 것인지 고민이 되네요.

↳ **U NA 님**

> 영어 유치원은 정말 반대합니다. 저도 제 아이가 쉽게 한국말 하듯 영어로 말했으면 하고 바라지만, 영어 유치원 다녀서 영어 잘하는 아이가 될 확률 50, 못하는 아이일 확률 50입니다. 결혼 전 사교육 시장에 몸담았던 경험에 따르면 그렇습니다.
>
> 영어 유치원에 다니는 아이들 중 잘하는 아이들 역시 본인이 좋아서, 즐거워서, 재밌어서 영어를 하는 아이는 거의 없다고 보시면 됩니다. 엄마 욕심에 다니면서 어쩌다 보니 영어가 들리고 말할 줄 알

긴 하는데, 왜 배워야 하는지 모르고 배우는 경우가 태반입니다. 영어 '만' 잘하는 경우가 많더라고요. 매일 극심한 시험 스트레스를 받아 영어에 대해 거부감을 가지게 되는 경우도 많이 보았습니다. 오히려 본격적으로 영어 공부를 해야 할 시기에 힘들어질 수도 있어요.

제 생각에는 아이가 잠들기 전에 영어 동화책을 읽어주심이 어떨까 싶습니다. 한국어와는 다른 언어도 있구나 하는 정도로 아이가 자연스럽게 받아들이도록요.

하연맘 님

초등3학년생 키우고 있는 워킹맘으로서 영어 유치원(이하 '영유')은 의미 없다는 위 댓글에 동의합니다. 영유 다녀서 효과 본 아이는 언어적인 감각이 있는 아이로, 조금 더 늦게 공부했으면 같은 시간에 더 효과가 좋았을 거예요. 영어 하나를 배우기 위해서 영유를 다니며 그 시기에 놓치게 되는 것이 너무 많기에, 또 영유에서 배우는 정도 수준의 영어는 초등2~3학년 무렵 6개월 정도만 열심히 하면 거의 따라잡을 수 있는 수준이기에, 비용 대비 효과가 너무 미미한 것 같다는 생각이 드네요.

저희 아이는 초등2학년 때 처음 영어 학원을 다녔어요. 그런데 2학년만 되어도 다닐 수 있는 학원이 별로 없더군요. 이미 더 어린 나이의 아이들을 대상으로 기초반이 편성되어 있더라고요.

만일 엄마표 영어를 해주기 어려운 분들은 엄마처럼 가르쳐주실 수 있는 선생님을 찾아보시는 것도 방법인 것 같아요. 저는 다행히도 저희 딸과 친한 친구들과 함께 그룹과외 형태로 영어교육을 시작해서, 아이들 상황에 맞춰 흥미를 잃지 않도록 지금까지 2년째 수업을 받게 하고 있는데, 아직까지는 아이가 영어를 즐겁게 배우고 있고 그것만으로도 다행이라는 생각이 듭니다.

Re: 바쁜 워킹맘에게는 엄마표 영어를 권하지 않습니다

워킹맘은 유아와 정서적으로 교류하는 데 중점을 두셔야 합니다. 아이가 엄마와 함께하고 싶은 시간보다 엄마가 함께할 수 있는 시간이 절대적으로 적기 때문이죠. 그래서 저는 워킹맘에게 엄마표 영어를 권하지 않습니다. 엄마표 영어가 성공하려면 '엄마'라는 영어적 환경을 제공하기 위한 시간 확보가 가장 중요하기 때문이죠. 엄마표 영어는 영어를 가르치는 것이 아니라, 말 그대로 'mother' tongue(엄마의 말)을 통해 영어라는 언어를 생활로 접하게 하는 것이 그 핵심입니다.

영어 유치원에 대해 말하자면, '학습'으로 영어를 접하게 하는 영어 유치원은 추천하지 않습니다. 유아기는 놀면서 체험하는 나이이지, 책상 앞에 앉아 무언가를 배울 나이가 아니기 때문입니다. 만약 놀이를 우선하되 놀이 환경이 영어로만 이루어지는 영어 유치원이 있다면 대안이 될 수도 있겠죠. 하지만 대부분 영어를 학습시키기 위해 '놀이'를 동원하는 걸로 알고 있습니다.

그럼 워킹맘은 대체 아이에게 영어를 어떻게 접하게 하는 것이 바람직할까요? 저는 초등학교 5~6학년 무렵에 1년 정도 어학연수를 '확실하게' 보내는 것이 영어 유치원보다 훨씬 낫다고 생각합니다. 물론 부모처럼 돌봐줄 수 있는 보호자가 있고, 아이가 떠나 있는 것에 거부감이 없다는 전제하에서요. 아니면 3~4년에 걸쳐 방학마다 영어권 국가로 어학캠프를 보내는 방법도 있습니다. 단, 한국 아이들이 거의 없는 곳으로, '원어민'(혹은 적어도 외국인)과 함께 '생활'하는 곳이어야 합니다.

마지막으로 초등 저학년부터 매주 외국인을 만나 일대일 '회화'를 하게 하는 방법이 있습니다. (글쓰기나 독해, 문법 공부가 절대 아닙니다!) 이때 엄마나 아빠도 함께 배우는 모습을 보이면 더 좋습니다. 예를 들어 매주 일요일마다, 아이 수업 다음에 아빠가 수업을 받는 식으로요. 때로는 아이와 아빠가 킥킥대고 더듬대며 함께 수업을 받을 수도 있겠죠? 이렇게 되면, 평일에도 부모가 아이와 함께 영어로 대화하는 '연습' 시간을 자연스럽게 가질 수 있는 환경이 형성됩니다.

제가 중빈이와 했던 엄마표 영어가 아이가 유아기에 부지불식간에 영어를 모국어처럼 습득하는 방식이라면, 이 경우는 함께 공부하는 '가족표' 영어가 될 수 있을 겁니다. 위 세 가지 방법은 영어 유치원과 비용적인 면에서 지출은 엇비슷할 테지만, 효과는 훨씬 클 겁니다.

여섯 번째 질문

네 살 이전 한글 사교육, 하는 게 맞는 걸까요?

영어 말고 한글교육은 어찌 해야 할까요? 보통 대여섯 살 아이를 둔 친구들이 한글교육 때문에 고민이 많더라고요. 제 주변의 엄마들은 딱히 한글교육을 시키지 않은 경우가 많은데, 한 엄마는 여섯 살 된 아이가 유치원에서 친구들에게 한글을 못 쓰고 못 읽는다고 놀림을 당했다고 해요.

다들 알파벳을 떼냐 마냐 하는 와중에 무슨 한글이냐, 한글교육은 당연한 거 아니냐 하는 엄마들도 많겠지요. 예전엔 초등학교 들어가서야 한글을 배웠다지만 지금은 전혀 그렇지 않다고 하죠. 유치원에서도 한글교육은 집에서 시키라고 하고, 요즘 초등1학년은 한글을 어느 정도 다 떼고 온 걸 바탕으로 국어교육을 시작한다고 하더군요.

이런 분위기인지라 네 살 이전부터 한글 '사교육'을 하는 경우도 허다하다고 합니다. 게다가 모국어를 읽고 쓰는 능력이니 어떻게 해야 할지 정말 고민이네요.

↳ **짜가공주 님**

두 아이 모두 한글 사교육 없이 글자를 익혔어요. 제 경험상 아이들이 자연스럽게 글자에 관심을 가지는 시기가 있더라고요. 우선 그 시기를 기다려보세요. "엄마, 이거 무슨 글자야?"라고 묻거나, 종이에 알 수 없는 상형문자를 써서 편지라며 엄마에게 줄 때, 저는 그때가 적기라는 생각이 들어요.

그 시기에 제가 했던 방법들은요. 아이에게 책을 읽어줄 때 제목 정도는 손가락으로 짚어주면서 읽어줬어요. "구. 름. 빵. 이네. 무. 지. 개. 물. 고. 기. 네." 책을 다 읽고 가지고 놀 때는 '구름빵'이나 '무지개 물고기'처럼 제목을 찾아보는 놀이를 했어요.

또 다른 방법으로는 어린이집 친구들 이름을 프린트해서 여기저기 붙여놓았어요. 어린이집 사물함을 보면 친구들 이름이 쓰여 있어요. 그래서 아이가 글자는 몰라도 친구들 이름을 '모양으로' 기억하더라고요. 이를테면 처음에는 '지성준'이라거나 '박서준'이라는 이름은 찾아내지만 그냥 '준' 자는 몰라요. 그러다가 지성준에도 '준'이 들어가고 박서준에도 '준'이 들어간다는 걸 알게 되고, 그다음엔 거리의 간판과 책에서 온통 '준'을 찾아내고 하는 식이었어요. 그렇게 하다 보니 어느 순간 한글을 떼더라고요.

↳ **지아맘 님**

주위에서 그런 말들 많이 들어보셨을 거예요. 일곱 살 가을 정도 되면 한글 쉽게 뗀다! 하지만 그 시기를 앞두고도 아이가 글씨를 못 읽으니 그 무렵 한글 뗀 아이의 엄마에게 진짜 그런지 묻기도 하고, 우리 아이처럼 평범한 아이가 학교 들어가기 전에 한글을 터득할까 싶기도 하고 엄마 마음은 참 조바심 납디다.

그런데 정말 신기하게도 일곱 살 무렵에 한글의 원리를 깨닫더라고요. 그 원리를 터득하는 '순간', '갑자기' 한글을 알게 되고요. 저도 당황스러울 정도였어요.

　원리를 깨닫고 읽으니 가나다라 포스터에도 없는 된소리도 저절로 읽더라고요. 원리를 깨닫는 시기는 아이마다 차이가 있겠지만, 11월 말에 태어났고, 특별히 언어적 감각이 뛰어나지 않은, 기본적인 의식주 말고는 해준 게 없는 너무나 평범한 제 딸도 어쨌든 초등 입학 전 가을에 한글을 알게 되었으니, 초등 입학 전까지 남은 5개월여의 기간이 '읽기 독립하기'엔 충분한 시간이 될 것 같아요.

　이 시간이 너무 짧다고 느끼시는 분도 계실 테지만 큰아이를 키워본 경험에 의하면 아이에겐 일곱 살 가을부터 다음해 봄 무렵까지의 5개월은 정말 다르거든요. 아이들은 매일매일 놀라운 성장을 해요. 그러니 한글교육이 고민이시라면 너무 조바심 안 내셨으면 좋겠어요. 아이가 원하지 않고, 엄마가 아이와 교감할 체력과 정신적 여유가 없다면 천천히 하셔도 충분합니다. 저 같은 귀차니즘맘들께선 책 읽어주실 때 제목만 손으로 짚어서 읽어주셔도 충분해요.

↳ **촉촉 님**

　제 아들은 일곱 살입니다. 이제 한글교육을 서서히 시작하고 있어요. 주변을 보니 여섯 살 때랑 일곱 살 때랑 받아들이는 속도가 무척 다르더라고요. 굳이 애가 준비도 안 됐는데 일찍 할 필요는 없다고 생각했어요. 애가 호기심을 조금 보여서 시작했다고 해도 '이때다!' 하고 엄마가 덤비니 애가 확 물러서는 경우도 많이 보았고요.

　저도 여섯 살 겨울쯤에 숫자 1에서 10까지 100번쯤 알려준 것 같은데, 아이가 6과 9를 계속 헷갈려해서 오히려 제 성질 못 이기고 애를 잡은 적이 있어요. 일곱 살 봄에는 한글 창제 원리대로 '아, 어' 정도를 게임처럼 가르쳐보았는데 재미있어는 했지만 잘 이해하진 못하는 것 같아서 한 달쯤 하다 그만두었고요. 더 기다리기로 했죠.

내년이 취학이지만 제 맘이 생각보다 불안하지는 않아요. 5~6세 때 1년 걸릴 것을 취학 3개월 전에 시작해 한 달 만에 뗐다는 이야기도 들은 바가 있습니다. 그것도 안 된다면 학교에서 조금은 부끄러워하며 배우는 것도 나쁘지 않다 생각했어요.

그렇게 기다리다 보니 올 여름쯤 본격적으로 관심을 보이더군요. 유치원 친구들 이름, 자주 보는 간판, 책 제목 등 눈에 보이는 글자들을 섭렵하기 시작하더니, 제가 배움의 경로를 짐작할 수 없는 글자들까지 알아오기 시작했어요. (참고로 유치원은 따로 글자 학습을 하지 않는 곳입니다.) 제가 묻지 않아도 이제 보이는 간판마다 읽고, 모르는 글자는 묻고, 책 읽을 때도 아는 글자들을 반가워하는 횟수가 늘어나더니 이젠 제법 문장도 읽기 시작하네요.

> Re:
놀이와 교감을 통한 한글교육은 지지합니다

대한민국에서 사교육을 일찍 시작하면 아이는 대입 때까지 내내 학원에서 산다고 봐야 합니다. 그렇기 때문에 저는 유아 사교육을 반대하는 것이지, 엄마와 아이 사이의 놀이와 교감을 통한 교육활동은 전폭적으로 지지하는 입장입니다. 아래의 내용은 제가 사용했던 '한글과 친해지기' 작전입니다. 도움이 된다면 좋겠네요.

독서로는

저는 엄마나 아이나 늘 책 읽기의 중요성을 강조합니다. 한글은 아이가 문자에 관심을 보일 때(자연스럽게 놔둔다면 대개 만 5, 6세 무렵이죠) 책을 읽으면서 자연스럽게 익히게 하는 게 좋습니다. 이렇게 해 보세요. 아이가 정말로 재미있어할 만한 책을 고르세요. 그다음 몇몇 쉽고도 문맥상 뜻을 짐작할 수 있는 단어에 작은 포스트잇을 붙여 가리세요. 그리고 아이에게 엄마가 이만큼 다 읽어줄 테니, 너는 요만큼 종이 붙은 데만 엄마에게 읽어달라고 말합니다.

엄마가 손으로 글자를 하나하나 짚으며 읽어 나가다가 포스트잇에 이르면 아이에게 포스트잇을 떼게 하고 단어를 읽어보라고 합니다. 잘 못 읽어내면 긴장하지 않도록 엄마가 읽어주십시오. 스스로 알아서 읽어내면 "그렇구나! 읽어줘서 고마워. 엄마가 또 (다음 포스트잇 가리키며) 요기까지 읽어줄게" 합니다.

아이는 포스트잇 떼는 맛에, 또 재미있는 이야기가 멈춰 버리니 다음 이야기가 궁금하여 어떻게든 읽어내려 할 겁니다. 이런 식으로 한 단어에서 두 단어, 나중에는 짧은 문장을 가려놓고 아이가 읽어주게끔 합니다. 더 시간이 흐르면 아이가 책을 읽어달라고 할 때, 설거지를 한다든가, 엄마가 읽어주기 힘든 상황이라고 말합니다. 그리고 한 페이지를 다 읽고 오면 엄마가 읽어주겠다고 합니다. 그러다 보면 어느 날 '더럽고 치사해서 내가 혼자 읽고 만다' 모드로 바뀌어 혼자서 책을 들고 읽고 있을 겁니다.

게임으로는

❶ '엄마', '아가' 같은 쉽고 아이가 좋아할 만한 단어를 종이에 적어 숨겨두고 보물찾기를 해보세요. 선물 목록도 한글로 적어 (1. 사과, 2. 소시지 등 받침 없는 쉬운 단어로 된) 벽에 붙여놓고 직접 읽어보게 하세요. 숨겨둔 종이를 찾아서 읽으면 그 종이에 적힌 번호에 해당하는 선물을 받는 걸로 하세요. 종이에 적힌 단어도, 선물 목록에 적힌 단어도, 선물을 받고 싶어 안달이 난 아이는 매우 적극적으로 읽으려 들 겁니다.

❷ 자음과 모음을 따로 적은 종이카드를 만드세요. 친근한 단어가 적힌 그림카드도 따로 준비하세요. 자모음 카드를 만들 때부터 아이와 함께 합니다. 기역, 니은, 디귿… 함께 쓰면서 이름을 익히는 거죠. 그다음 엄마가 순차적으로 카드를 모아 단어를 만들면 (예: ㄷ+ㅏ+ㄹ = 달) 아이가 얼른 그것을 읽고 그에 걸맞은 그림카드를 찾아오는 겁니다. 쉽고 친근한 단어부터 시작하세요. (바보, 똥, 오줌 같은 단어들도 아이들이 재미있어할 거예요.)

놀이에 익숙해지면 역할을 바꿔서 해봅니다. 아이가 단어를 만들고 엄마가 그림을 찾아오는 겁니다. 그림카드를 더 많이 찾아온 사람에게 덜 찾아온 사람이 심부름을 해줍니다. 엄마는 일부러 잘 못 찾는 척하며 엉뚱한 그림카드를 찾아오고, 잘못 찾아온 그림카드를 자모음 카드로 새로 만들어 보여주기도 합니다. "엄마가 이번엔 잘 했어?" 아이에게 확인해달라고 하며 말이죠. 마지막에는 아이 심부름 하나를 거하게 해줘야겠죠? 등에 말을 태우고 거실 열 바퀴 돌기 같은. 열 바퀴 돈 뒤엔 쓰러져 혀를 빼무는 오버액션은 기본!

단, 절대 한 시간을 넘기지 마세요. 진도는 아이가 뺍니다. 엄마가 목표를 정하고 아이를 거기에 맞추지 마세요. 엄마의 목표는 언제나 "오늘 못 읽은 건 내일 읽겠지"입니다. 유아를 대상으로 한 엄마표 공부의 핵심은 엄마도 아이처럼 놀이를 즐겨야 한다는 것입니다. 놀다 보면 아이 특성에 맞춰 더욱 창의적인 놀이가 무궁무진하게 가지를 칩니다. "너는 왜 못해?", "왜 틀렸어?" 하는 식으로 다그칠 거라면 차라리 친절한 한글나라 선생님이 나을지도 모릅니다. 아이가 영어책에 익숙하다면 영어 읽기도 같은 방식으로 하시면 됩니다.

*

만약 아이가 문자에 관심을 안 보이는데 먼저 한글을 뗀 친구로부터 놀림을 받고 왔다면 엄마의 태도가 중요합니다. 이때 엄마가 해줘야 하는 말은 "큰일 났다. 늦었다!"가 아닙니다. "거 봐, 엄마가 뭐랬어?"도 "분하니까 엄마랑 공부해서 복수하자!"도 아닙니다. "우리 ○○도 한글 배우고 싶으면 언제든지 엄마한테 얘기해. 엄마가 아주 재밌게 한글 배우는 법 아니까"라고 안심시켜주세요. 그러면 아이는 자신이 뭔가 잘못되었다는 생각 대신, 아직 준비가 되지 않았을 뿐이라고 생각할 겁니다. 그리고 한글을 배우는 일이 그렇게 복잡하고 어려운 일은 아닐 거란 생각에 지레 자신감부터 잃는 일도 없겠죠.

일곱 번째 질문

유아의 예체능교육은 어떻게 하는 게 좋을까요?

한글교육에 관한 글, 잘 보았습니다. 그렇다면 유아의 예체능교육은 어떻게 해야 하나요? 저는 다섯 살 딸에게 학습지나 한글교육은 시키고 있지 않지만, 놀이식 영어 학원과 미술 학원에 보내고 있습니다. 둘 다 아이가 좋아하는 거라 아이를 사교육 기관에 보낸다는 것에 대한 죄책감은 없었는데요. 이번에는 아이가 피아노를 가르쳐 달라고 합니다.

아이에겐 혼자 노는 시간이 절대적으로 필요하고, 창의력은 사교육으로 키워지는 게 아니라고 생각하고 있었지만, 아이가 흥미를 갖고 좋아하므로 피아노 학원에 보내주는 게 맞는 것인지, 아니면 저의 평소 소신대로 적당한 시기(7~8세)에 시켜야 할지 고민되는 요즘입니다.

우리 아이가 좋아하는 것이니 일단은 시켜볼까 하는 쪽으로 마음은 기울고 있습니다만, '놀이식이니까', '예체능이니까' 괜찮을 거라고 너무 쉽게 소신을 접는 건 아닌가 하는 걱정도 됩니다.

↳ indigokuohw 님

저희 딸아이는 유치원에 다니고 있습니다. 저도 사교육엔 부정적인 생각이 많은지라 최대한 자제하고 있는데, 아이가 1년 전부터 친구들이 발레를 배운다며 자기도 배우고 싶다고 조르더군요.

저희 집에서 문화센터가 가까워서 이곳에서 시켜볼까 흔들리기도 했습니다. 비용도 주1회 석 달에 11만 원 정도로 발레학원보다 저렴하더라고요. 하지만 아이가 심하게 조르는 것 같지 않고, 열정이 있는 것 같지는 않아 대안을 생각해냈습니다. 유치원에서 운영하는 방과 후 교육이었죠. 방과 후 교육에 유아 발레 수업이 있더라고요.

아이가 무언가를 하고 싶어할 때, 하지만 하다가 중도에 그만둘 것이 걱정되거나 자금이 부족하다고 느껴질 때, 저는 항상 대안을 찾습니다.

먼저 컴퓨터 동영상이나 DVD를 몇 달간 활용해 '너가 관심을 갖고 있는 것이 이런 것'이라는 인식을 심어줍니다. 그다음 박물관이나 공연을 찾아내 체험시킵니다.

세 번째, 가까운 주민센터, 문화센터, 방과 후 수업을 이용해 맛보기를 시킵니다. 그것으로도 아이가 부족하다고 느끼고, 열정적으로 하고 싶다고 얘기하면 기관에 보내는 것을 고려해볼 생각이지만, 아직까진 아이가 맛보기 단계에서 만족하고 있습니다.

> Re:
> **아이가 일관되게 원할 때,
> 진지한 자세로 접근합니다**

먼저, 제가 용어 정리부터 제대로 해야겠군요. 제 글에서 '사교육'이라 칭하는 것들은 '학교에서 가르쳐줄 것'을 미리 돈을 내고 가르치는 것을 의미합니다. 그런 의미에서의 사교육이 좋지 않다는 것이지 아래와 같은 경우의 사교육은 저는 순기능을 한다고 생각합니다.

*

첫째, '학교에서 가르쳐주는 것'이지만 잘 따라가지 못하여 (부모가 아닌) '아이' 스스로 답답함을 느껴 도움을 요청할 때. 그런데 주변에 그것을 도와줄 수 있는 어른이 없을 때, 비용을 지불하고 배우는 사교육입니다. 이 부분은 해석을 신중히 해야 합니다. 선행학습이 아니고 학교에서 가르쳐주는 것을 뒤따라가는 형태라고는 해도, 아이 스스로 열심히 하고자 하는 필요를 못 느낀다면 선행학습이나 다름없습니다. 아이가 답답해서, 쪽팔려서, 혹은 성적이 안 나오는 게 속상해서 "도저히 못 견디겠다" 정도가 되어 달려들 때까지 (보통 초등학교 고학년은 되어야 스스로 이런 판단을 하죠) 부모는 "네가 필요하면 도와줄 수 있으니 언제든 도움을 요청해. 기다릴게" 정도로 거리를 유지하는 게 맞습니다.

미리미리 알아서 갖다대주면 '그건 내가 필요하든 않든 항시 있는 것'이 되어버리고, 사교육 자체가 '필요할 때 받는 도움'이 아니라 '그냥 내내 달고 살아야 하는 일상'이 되어버립니다. 그게 수학이든 영어든 혼자는 절대 못하는 아이가 되는 거죠. 또한 왜 학원에 가야 하는지도 모르겠는데 부모가 가라니까 가는 아이가 되는 겁니다. 전형적인 사교육의 역기능입니다.

부모는 아이가 도움을 요청해서 사교육을 시작하더라도 이것이 부모의 고혈을 짜내서 받을 수 있게 된 도움임을 알려주어야 합니다. 아이 스스로 목표와 기간을 정하게 하고, 이것이 달성되면 바로 끊어지는 도움임을 주지시켜야 합니다. 아이가 성실히 임하지 않을 때, 혹은 목표를 달성했을 때, 그간의 사교육을 바로 끊어버리는 과감함도 보여주어야 합니다.

*

둘째, 학교에서 '가르쳐주지 않는 것'을 '아이'가 배우고 싶어할 때. 그런데 주변에 그것을 도와줄 수 있는 어른이 없을 때, 비용을 지불하고 배우는 사교육입니다. 예를 들자면 초등학교 2학년이 중국에 여행을 다녀온 뒤 중국어를 배우고 싶어하는 경우가 이에 해당하죠. 이때 아빠가 초급 수준의 중국어를 할 줄 안다면, 저는 아빠가 아이를 가볍게, 그러나 주기적으로 가르치면서 아이가 얼마나 진지하게 배울 의향이 있는지 시간을 두고 함께 살펴보는 게 좋다고 생각합니다. 아이가 인내심 있게 해낸다면 아빠의 지식이 부족해지는 지점에 다다를 무렵 학원이나 개인레슨을 보내면 되겠죠.

*

셋째, 같은 맥락에서 예체능교육을 생각해볼 수 있을 겁니다. 발레, 태권도, 피아노 같은 것들은 학교에서 가르쳐주지 않죠. 한글이나 셈처럼 부모가 가르쳐줄 수 있는 영역도 아닙니다. 그러므로 비록 유아라 하더라도 아이가 지속적으로 특정한 한 가지를 원한다면, 사교육 기관에 데려가볼 것을 권합니다.

이 부분에서 주의할 것은 예체능이라 해서 서너 개씩 시키는 부모의 과욕입니다. '이건 좋고, 저건 필요해서' 이것저것 사교육을 시키기 시작하면, 아이 역시 이것저것 건드렸다 내려놓을 뿐입니다. 부모가 진지해야 아이도 진지해집니다. 또 예체능이라는 것을 핑계로 부모가 사교육에 대한 경계심을 허물어뜨리면 이것이 영어나 수학으로도 이어져 아이가 사교육을 달고 살 확률이 높아집니다. 대입까지 아니 대학교를 가서도, '혼자는 절대 못하는 아이'가 탄생하는 거죠. 내내 감기약을 달고 사는 사람에겐 더 이상 감기약이 들지 않듯, 무턱대고 아이를 사교육 기관에 보내는 건 그냥 제약회사(= 사교육 시장)를 습관적으로 배불리는 일에 불과합니다. 정작 감기에 걸렸을 때 더 센 감기약(= 정말 비싼 과외)을 찾게 되는 것이고요.

*

'놀이식'이라는 이름을 달고 있는 유아 사교육에 대해서도 한번 생각해봅시다. 그것이 진짜 놀이를 유도하는지, 아니면 특정한 교육관을 지닌 엄마들을 겨냥한 또 하나의 마케팅에 불과한지. 아이들의 진정한 놀이란 '자기 주도성'을 기본으로 하기 때문입니다. 텅 빈 시간이 있고, 그것 외에는 더 주어진 것이 없을 때, 아이는 비로소 땅바닥을 내려다보고, 흙으로 집도 짓고 터널도 만들죠. 입으로 공기를 돌돌 말아 휘파람 소리를 내고, 물방울에 반사된 빛에 매료됩니다. 나뭇결을 오래오래 들여다보며 숨은 무늬를 찾아내고, 그 안에 숨겨진 무한대의 이야기를 상상합니다.

유아기는 '기본 물성'을 배우는 시기입니다. 이 시기에 못 배우면 큰일 납니다! 흙, 바람, 나무, 빛, 물… 이런 것들이야말로 이 시기에 유아들이 과학자만큼이나 깊이 탐구해야 할 어마어마한 공부 대상인 것이죠. 바쁘게 해결해야 할 문제가 주어진 아이는 절대 창의적이 될 수 없습니다. 물론 주어진 문제 안에서도 창의성을 발휘할 수는 있을 겁니다. 하지만 이 경우 굳이 수학에 비유하자면, 근본적인 수의 큰 '논리'를 깨닫는 학생이기보다 큰 논리를 끝내 파악하지 못한 채 주어진 응용문제를 재빨리 풀어내는 학생에 가깝다고 볼 수 있습니다. (한국 청소년들이 수학을 잘하기로 유명하지만, 세계적인 수학자는 안 나오는 이유라고나 할까요.)

그러므로 '놀이식 어디어디'에 보내고 싶을 땐 잘 생각해보세요. 그것이 그냥 집에서 놀게 두면 될 것인지, 꼭 거길 보내야 놀 수 있는 것인지. 만약 아이를 놀리면서 슬쩍 뭔가를 '배우게' 하고 싶은 게 엄마의 진짜 의도라면 잘 생각해보세요. 그것이 그냥 집에서 엄마와 자연스럽게 재미난 게임을 하거나 동화책을 읽으면서는 절대 해결이 안 되는 높은 수준의 것인지. 만일 그렇다면 그렇게 수준 높은 걸 왜 유아가 배워야 하는지. 그렇지 않다면 왜 엄마는 벌써부터 사교육에 의존하는지. 혹시 백화점에서 물건을 사듯 벌써부터 교육도 사는 것에 익숙해진 것이 아닌지.

*

얘기가 길어졌습니다만, 앞에서 유아의 예체능 사교육은 아이가 원할 때, 그리고 집에서 가르쳐줄 수 있는 사람이 없는, 특별한 기술을 요하는 것일 때 권했습니다. 한 가지 정도를 배우는 한에서 이렇게 권했습니다. 그것도 아이가 일관되게 원하는 경우에 권했습니다. 왜 이렇게 까다롭게 구냐고요? 다시 한 번 반복할게요. 유아들은 '놀이'라는 공부를 통해 세상의 기본 물성을 배워야 하기 때문입니다. 흙, 비, 바람, 풀이 있는 밖으로 데리고 나가서 풀어놓으세요.

중빈이가 바이올린을 시작한 것도 여섯 살이었습니다. 지금도 바이올린을 합니다. 우리 가족, 특히 할아버지 할머니에게 커다란 즐거움이 되어드린 것은 두말할 나위가 없죠. 집에 손님이 오실 때마다 바이올린은 중빈에게 주된 용돈벌이였습니다. 그 작은 바이올린은 전 세계 수많은 곳에서 수많은 사람들에게 즐거움을 주었습니다. 거리의 악사가 되어 볼리비아의 육교 위에서 박수를 받기도 했고, 안데스에서 일주일간 꼬마 바이올린 선생님을 하기도 했죠.

나이가 더 들어 본격적으로 봉사활동을 할 수 있게 된 후에는 발리의 고아원 아이들에게 악기와 합창을 지도했습니다. 고아원 아이들이 음악 공연을 통해 큰 수익을 올리도록 도왔고, 지금은 더 많은 교육 봉사자들을 그곳 아이들에게 안내하는 활동도 펼치고 있죠. 이 모든 것의 시작이, 매개가 고작 바이올린이었습니다. 그렇게 보면 예체능 사교육이, 단 한 가지를 꾸준히 하는 것만으로도, 해낼 수 있는 일은 실로 다양하죠?

그러므로 만약 아이가 한 가지 예체능을 지속적으로 원해 시작하게 됐다면 이 말씀을 꼭 드리고 싶어요. 엄마가 예체능교육을 국영수에 곧 밀려날 무언가로 대하면 거기서 끝날 겁니다. 대회에 내보내 수상 실적을 올릴 무언가로 대하면 (운 좋을 경우) 몇 개의 실적을 올리고 끝나겠죠. 그러나 부모가 예체능만큼은 아이 자신과 주변 사람들이 함께 즐길 수 있는 무엇이며, 이를 통해 세상의 벗들을 만날 수 있는 무언가로 대한다면 그리 될 확률이 높습니다. 왜냐하면 아이들은 '즐기며' '벗을 사귀는' 일을 누구보다 기꺼이 잘 해내기 때문입니다.

여덟 번째 질문

유아의 여행, 정작 아이도 좋아할까요?

　작가님 안녕하세요? 책도 너무 잘 읽고 있지만 블로그를 통해 언제나 양육과 삶에 대해 쌍방향 소통해주셔서 감사합니다. 저는 일곱 살, 네 살 두 아이를 키우는 엄마입니다. 남편과 사이가 안 좋아 별거 중이에요. 작가님은 언제부터 아들을 데리고 여행 다니셨는지요? 해외여행 가기 전에 국내여행도 많이 다니셨는지요?

　전 여건상 대중교통을 이용해야만 하는데 큰아이가 너무 추억이 없는 것 같아 얼마 전 1박으로 두 아이를 데리고 춘천에 다녀왔어요. 대중교통으로 왕복 도합 열두 번의 환승을 했지요. 힘들기도 했지만 생각만큼 고되지는 않았고 오히려 좋았던 기억이 더 많습니다.

　그런데 한편으로는 그런 생각도 들더군요. 애들은 집 근처 공원, 놀이터만 가도 좋아하는데 제 욕심에 괜히 애들만 (특히 어린 둘째) 고생시키는 건 아닌가 싶더라고요. 어린 유아와의 여행에 대해 작가님의 의견이 궁금합니다.

↳ mily 님

중2, 초등6학년을 키우고 있어요. 전 작은아이가 두 돌을 넘긴 뒤부터 장거리 여행을 다녔어요. 첫 여행지는 겁도 없이 캄보디아 앙코르와트였죠. 국경에서 시엠립까지 구름 같은 흙먼지 속을 내달리던 순간이 생생하네요. 그때의 기억을 지금 제 옆의 사춘기 소녀에게 물어봅니다. "엄마랑 다닌 여행 어땠어?" 아이는 저를 쳐다도 안 보고 건성으로 대답하네요. "좋았어요." "많이 힘들었잖아." "그래도 재미있었잖아요." 저는 이런 대화를 나눌 수 있는 것만으로도 만족해요. 우리가 함께한 수없이 많은 날들을 아이가 그저 재미있는 기억으로 추억해주는 것…. 그것만으로도 아이와 함께 하는 여행의 이유가 충분하지 않을까요?

↳ 이니 님

전 지금 여섯 살 아이와 남인도를 한 달 동안 여행 중입니다. 가까운 곳만 다니다가 작년에 동유럽 한 달 여행하기에 도전해봤는데 아이가 생각보다 잘 다니더라고요. 엄마가 욕심을 줄이고 아이와 함께 하는 시간에 의미를 둔다면 아이는 저절로 즐기는 듯합니다.

물론 예민하고 숙소 적응하는 데도 며칠씩 걸리는 아들 덕에 '나 좋자고 아이 고생시키는 건 아닌지' 고민도 많이 했었습니다. 고민글 써주신 분처럼요.

하지만 두 번째 여행에서는 아이가 내년에 가고 싶은 곳이 어딘지 스스로 말하기도 하고, 친구들에게 엽서도 보내고, 숙소도 고를 줄 알더라고요. 결론은 부모가 충분히 상황을 즐길 수 있다면 아이는 따라온다는 겁니다. 용기를 가지세요!

> Re: **아이가 어릴 때만 가능한 '경계 없는' 참여행의 진수를 실컷 맛보세요**

제가 아이와 단둘이 장기 여행을 떠난 건 아이가 36개월 때 터키가 처음이었습니다. 그전에도 둘이서 근교 여행 정도는 많이 했지요. 대중교통을 갈아타고 다닌 것도 물론. 사내아이라 기차, 버스 전부 다 좋아해서 일부러 '타기 위해' 멀리 다녀온 적도 많았습니다. 아무리 짧은 여행이라 해도, 여행은 물론 힘든 부분이 있습니다.

하지만 말씀하신 것처럼 좋은 부분이 더 커서 계속 다니게 되는 거겠죠. 특히 별거 중이시라면 더 먼 곳으로, 더 동적인 활동으로, 엄마가 아이들과 우울한 시기를 즐겁게 넘기는 데에, 여행이 바람직한 계기와 훈련이 되어주리라는 생각도 해봅니다.

첫째는 일곱 살이니, 어디 갈지를 함께 고민해보세요. 아이가 관심을 지닐 만한 요소가 있는 곳의 사진을 보여주고, 관련된 이야기도 함께 읽고, (둘째는 슬쩍 깍두기 정도로 끼워주시고) 가서 뭘 먹을지 맛있는 음식도 미리 골라보고, 가서 할 놀이도 미리 궁리해보고…. 이렇게 여행에 아이를 참여시키면 일방적으로 엄마가 좋아서 하는 여행이 아닌, 같이 준비하고 누리는 눈높이 프로젝트로 완성될 겁니다.

지금도 중빈이는 만 세 살 때 했던 터키 여행에 대해서 이야기하곤 해요. 아이가 가장 뚜렷하게 기억하는 건 '트램'이죠. 트램은 그 시절 자신이 그 여행을 했던 목적이었거든요. 그 외의 기억에 대해서도, 선명하진 않지만 사람들이 자신을 예뻐했던 만큼, 터키 사람들에 대한 '좋은 인상'을 간직하고 있습니다. 무엇보다도 그 뒤로도 쭉 이어진 여행을 통해 모자간에 든든한 유대 관계가 맺어진 것이 커다란 소득으로 남아 있습니다.

제 책 중에 한 단락을 인용할게요. '아이에게 여행이란 어떤 의미인가?'에 대해서 쓴 부분이라고 할 수 있죠.

인터뷰를 할 때마다 빠지지 않는 질문이 있다.
"그렇게 어린 나이에 여행을 하면 나중에 기억이 나지 않을 텐데요?"
그러면 나는 대답한다.
"중요한 것은 기억이 아니라 태도예요. 자신을 열어야 할 순간에 열어버리는 것, 그래 보는 것, 그럼으로써 열 줄 아는 사람이 되는 것, 그것이 중요하지요. 오늘 머문 이곳의 지명과 이곳에 있던 아름다운 성곽 따위는 잊어도 좋아요. 그러나 오늘 열어본 경험은 '태도'가 되어 퇴적층처럼 정직하게 쌓일 겁니다. 그 태도는 앞으로 아이가 살아가면서 '지금 이것이 삶이다'라고 느끼는 순간, 질질 끌지 않고, 미뤄두지 않고, 자신을 통째로 던져 '확 살아버릴' 줄 알게 하겠죠. 그러한 경험 없이 성인이 되면, 반쯤 죽은 듯 살게 됩니다. 일상의 노예가 되지요. 저는 생명으로 자식을 이 세상에 데려왔으니, 살아 있음을 느낄 수 있도록 도와주는 게 부모의 할 일이라고 생각합니다."

삶은 순간과 순간의 연결로 던져진다. 반드시 저축하듯 살 필요는 없다. 순간은 돈처럼 보존되고 모아지는 성질의 것이 아니다. 지금 한순간을 희생해서 다음 한순간을 얻을 뿐이다. 언제나 제로섬 게임인 것이다. 그러므로, 어느 순간을 자신을 위해 쓸 것인지 선택할 수는 있다. 젊음을 저축하여 노년을 예약할 수도 있으며, 자유를 담보로 하여 아파트 한 채를 얻을 수도 있다. 그러나 그때에 얻는 순간이 지금 이 순간보다 더 크리란 사회적 약속은 잘못된 계산이다. 하나를 잃고 하나를 얻는 것이다. 어떤 것이 먼저 오고 어떤 것이 나중에 오느냐의 차이일 뿐, 모든 순간은 동등하다.

— 『하쿠나 마타타, 우리 같이 춤출래?』 중에서

같은 책에 이런 부분도 있네요. 이건 일곱 살 아이의 입으로 여행이 아이에게 미치는 좋은 영향을 말한 것과 다름없기에 가져와봤습니다. 동아프리카의 국립공원에서 사파리를 하던 중 옆에서 텐트를 치던 현지인 아저씨에게 다가가 대화를 나누는 장면입니다.

한편 마코토와 내가 텐트를 붙잡고 끙끙대는 사이, 중빈은 이미 캠핑에 맛을 들이는 중이었다. 자신이 머물 텐트는 허술한 엄마 손에 내팽개쳐두고, 엉뚱하게도 생면부지의 옆집 사파리 팀으로 가서 그곳의 또다른 요리사에게 찰싹 붙어 텐트 폴을 조립하면서. 그쪽 팀에서는 캠핑을 배우고자 하는 사람이 하나도 없는 것 같았다. 외롭게 여러 개의 텐트를 손보던 요리사는 "내가 할게요! 내가 아저씨를 도울 수 있어요!"라고 의욕적으로 조잘대는 옆집의 꼬맹이가 귀여워죽겠다는 듯 물었다.

"너는 어디서 왔니?"

"한국에서요."

"한국 사람들은 영어를 하니?"

"아니요. 한국말을 해요. 나는 엄마한테 영어를 배웠어요."

"스와힐리어도 배웠니?"

"네! '잠보?' '잠보!' '카리부!' '아싼테!'"

"훌륭하구나."

그는 중빈이 허술하게 박아넣은 폴을 다시 힘주어 박으며 또 물었다.

"탄자니아를 여행하는 동안은 뭐가 제일 좋았니? 해변? 동물들?"

"사람들. 사람들이 좋았어요. 특히 아기들이요."

그가 뜻밖이라는 듯 아이를 그윽이 바라보더니, 환하게 미소지었다.

"네가 그렇게 말해줘서 정말 기쁘구나."

애들은 물론 집 근처 공원을 좋아하죠. 하지만 새로운 곳도 좋아한답니다. 특유의 호기심으로 더더욱 좋아하죠. 천재적으로 새로운 놀 거리와 새 친구를 찾아냅니다. 여행 중 열이 나거나 무릎이 까질 수도 있겠죠. 뭐, 어떻습니까? 집에 있어도 열은 나고 무릎은 까지는 걸요. 돌아와 많은 부분을 잊을 수도 있겠죠. 뭐, 어떻습니까? 그건 어른도 마찬가지인걸요. 중요한 건 함께 특별하고도 소중한 추억을 만들 수 있다는 것. (때로는 지금의 별거 상황처럼) 어려운 시기를 힘차게 넘길 기회가 되어준다는 것. 돈독한 팀워크를 정비한 가운데 일상으로 돌아올 수 있다는 것이겠죠.

힘을 내세요. 저는 한 영국인 싱글맘이 이혼 후 수년 간 아이와 함께 세계일주를 하는 경우도 보았어요. 그 아이는 그런 식의 '산 교육' 후에 멀쩡히 학교에 들어가서 공부도, 교우관계도 잘 해내고 있답니다.

일상이 힘든 시기일수록 여행의 건강함을 믿으세요. 그리고 그 건강함에 기대보세요. 저도 부부관계가 죽도록 힘들 때 남은 힘을 추슬러 여행을 떠났고, 돌아올 때면 호랑이도 때려잡을 만큼 사기충천한 상태가 되어 있곤 했답니다. (뭐, 그렇다고 남편을 때려잡지는 않았습니다;;;)

이제부터 질문에서는 약간 벗어나지만 아주 중요한 말씀을 드리고 싶습니다. 여행을 떠나고 싶은데 아이가 걸린다면? 아이를 꾀세요. 제가 그 넓은 터키에서 온갖 것은 다 놔두고 중빈이에게 트램 하나를 들이댄 것처럼. 여행 싫어하는 어른 별로 없는 것처럼, 막상 여행지에서 여행 싫어하는 아이 별로 없습니다. 아이 때문에 못 간다고 아이를 원망하거나 우울해하지 마세요. 제가 말한 적 있지요? 해병대처럼, '한 번 엄마는 영원한 엄마'라고. 그러므로 언제나 아이에게 묶여 무언가를 못한다는 발상은 버리고, 엄마이지만 동시에 인간인 나 자신의 욕망을 건강한 선에서 실현시킬 궁리를 하는 것이 훨씬 바람직합니다.

비밀을 알려 드릴까요? 제 경험상 아이와 여행하기 가장 좋은 나이는… 여섯 살(부터)입니다! 정말로 그렇게 어리냐고요? 네, 그렇습니다.『욕망이 멈추는 곳, 라오스』에서 중빈이가 어딜 가나 동네 아이들과 '아무나 다 와' 축구를 하던 때도 여섯 살이었죠. 이 무렵의 아이는 선호하는 인종도, 빈부도, 기호도, 문화도 없습니다. 가장 원초적인 방식으로 현지 아이들에게 다가가고 현지 어른들 품에 안기며 현지의 분위기를 물처럼 흡수합니다. 든든히 먹이고 낮잠만 제때 재우고 똥만 제때 뉘이면 온종일 방전을 모르는 에너자이저처럼 현지인과 뛰어놀죠. 게다가 어딜 가든 아직 사랑을 받는 어리고 귀여운 나이입니다. 엄마 입장에서도 아이를 데리고 여행하는 동안에는 떡 하나라도 더 얻어먹고 한 번이라도 더 양보와 배려를 받을 수 있어 여행이 쾌적합니다.

이때부터 초등 저학년까지 여행하기가 가장 좋다가, 만 10세를 넘기면서부터는 아이가 조금씩 함부로 뛰어들지 않게 됩니다. 경계 없이 다가가기보다는 주변을 판단하고, 어깨에 힘주고 멋진 폼을 잡고 있거나, 깻잎 머리를 꾹꾹 누르며 거울을 보고 앉아 있으니까요. 대개는 '어려서 다니는 건 소용없다. 본전이라도 뽑으려면 박물관에서 메모라도 할 수 있는 나이에 데리고 가겠다' 생각하지만, 반대입니다. 어릴수록 생생한 현장을 체험하기에 좋을 뿐만 아니라, 막상 그렇게 차일피일 미루다가 박물관에서 메모할 나이가 되면, 한국 학부모님들은 학업 부담 때문에 장기 여행 갈 엄두를 못 내곤 하니까요. 그러고 나면… 아이가 대학생이 되었을 때 부모 따로, 아이 따로 여행을 가게 되죠.

당연히! 반드시 외국일 필요는 없습니다. 시골 장터든, 산림욕장이든 부디 애 때문에 못 다닌다 하지 마시고, 용기를 내서 사교육 팍팍 줄이고 그 돈 착착 모아서 아이가 어릴 때에만 가능한 '경계 없는' 참여행의 진수를 실컷 맛보시라고 강력히 권합니다.

일상이 힘든 시기일수록
여행의 건강함을 믿으세요.
그리고 그 건강함에 기대보세요.

아이에게 묶여
무언가를 못한다는 발상은 버리고,
엄마이지만 동시에 인간인 자신의 욕망을
건강한 선에서 실현시킬 궁리를 하는 것이
훨씬 바람직합니다.

Part 2

남다른 교육이 아닌, 함께 크는 교육

아홉 번째 질문

'교육 소수자'로 겪는 외로움,
　　　　어떻게 하면 좋을까요?

　　백만 년 만에 친구들을 만났어요. 그런데 다섯 살 딸을 유치원에 보내지 않고 있다고 하니 "아이를 강하게 키워야 한다", "네가 품에서 애를 놓지 못하는 거다", "언젠가 독립시켜야 하는데 미리 기관에 적응시켜야 한다" 등등 이런저런 말들이 저에게 쏟아졌습니다.

　　심지어 유치원을 다니지 않고 초등학교에 바로 들어간 어떤 지인의 아이를 예로 들며 그 아이가 당한 왕따 사건의 전말과 결국 그 엄마가 유치원에 안 보낸 걸 후회한다는 얘기, 요즘 애들이 얼마나 약은데 네 자식만 해맑게 키운다고 될 일이 아니라는 말까지 들었습니다.

　　개인적인 사정이 생겨 길게 얘기를 못하고 친구들과 급히 작별 인사를 하고 돌아오는 길… 도대체 어찌 저리들 생각할까 싶었어요. 미리미리 당겨서 걱정하고, 미리미리 적응시키려 하고, 미리미리 그룹을 만들어주고….

　　무엇 하나 애들이 스스로 하는 건 없는 것 같아요. 게다가 잘못된 것이 있어도 그걸 뜯어고칠 생각은 안 하고요. 그저 잘못된 교육 생태계 안에서 내 아이만 다치지 않게 가르치는 것이 과연 진정한 독립인지, 그게 아이를 강하게 키우는 건지 싶더군요.

저나 그 친구들이나 모두 아이를 강하게 잘 키우고자 하지만, 완벽히 다른 방법을 사용하고 있어요. 그 차이가 씁쓸했고 문득 외로웠습니다. 이런 상황에 대한 작가님 생각이 듣고 싶습니다.

↳ briaus 님

> 저도 지금 다섯 살 아이를 기관에 보내지 않고 데리고 있어요. 5년째 아이와 함께 하면서 저 역시 여러 번 맞닥뜨린 상황이네요. 저는 심지어 키즈 카페나 문화센터 한 번 다니지 않았어요.
>
> 올해 유치원도 보내지 않기로 했다 하니 초등학교는 보낼 거냐는 말도 들었습니다. "글쎄" 하고 웃어넘겼지만 유쾌하지 못한 상황이죠.
>
> 저는 늘 한 가지만 염두에 두고 육아를 합니다. 대한민국에서 살아가는 한, 초등학교 입학을 시작으로 평생을 눈뜨면 어디론가 향해야 하는 고단함을 겪을 텐데 유년 시절부터 그 고단함을 경험하게 하고 싶진 않아요. 어떠한 의무도 없는 순수한 유년기를 보냈으면 하는 바람으로 아이에게 시간적, 공간적 자유를 충분히 주고 싶습니다.
>
> 물론 엄마의 의지에 맞춰 아이가 원하지 않는 상황으로 떠미는 것은 더더욱 하고 싶지 않지만요. 누구나 자신과 다른 방향으로 가는 사람을 만나면, 본인의 상황을 합리화하게 되기 때문에 친구들이 더 강한 톤으로 얘기했던 걸지도 모릅니다. 속상해하지 마시고, 흔들리지 마세요. 소신껏 쭉 나가자고요!

↳ **Mrs WOO 님**

저는 반대의 이야기를 먼저 해야 할 것 같아요. 29개월 아들을 18개월부터 어린이집에 보내고 있어요. 저 같은 경우는 가기 싫단 아이를 어린이집에 억지로 보낸 경우도 아니고, 등원 문제로 아이와 다투거나 사이가 틀어진 적도 없습니다.

회사로 출퇴근하는 상황은 아니지만 집에서 일하는 엄마라서 아이가 어린이집에 간 사이, 제 일을 하고 휴식도 취하며 아이의 하원을 기다립니다. 아이가 집에 돌아오면 상황에 따라 같이 놀이터에도 가고 동네 탐험도 하며 함께 놀아주다가 남은 하루 일과를 보냅니다.

엄마들마다 자신의 상황에 따라 육아관이며 방식이며 각기 다를 수밖에 없죠. 방법이 어떻든 내가 선택한 그 방법의 단점보다 장점을 생각하시고, 무엇보다 다른 사람의 교육관보다는 내 가치관에 집중하시면 더 행복한 육아를 하실 수 있을 거라 생각합니다. 다를 수는 있지만, 무엇이 옳고 틀리다 할 수는 없잖아요.

↳ **매실댁 님**

저는 전업맘에 둘째도 낳지 않았으면서 아이를 기관에 일찍 보낸 자칭 최고 '불량엄마'인데요. 저 같은 경우는 24시간 독박육아에, 동네에 아는 사람도 없어서 윗분들처럼 아이와 있는 시간이 그다지 즐겁지만은 않았어요. 육아우울증도 겪었고요.

그래서 아이를 기관에 보내놓고 잠시 떨어져 있는 시간이 확보되어야만 비로소 재충전이 가능했고, 그러고 난 후에야 아이를 다시 만났을 때 더 신경 써줄 수 있었습니다.

사실 기관에 안 보내고도 친구를 만들어줄 수 있고, 다양한 경험을 하게 해줄 수 있다면 최고겠지만, 그게 어려운 환경에 처해 있거나 힘에 부치는 체력 미달의 엄마들도 있답니다.

저 같은 경우엔 오히려 아이를 기관에 일찍 보냈다는 이유로 주변으로부터 다양한 공격을 받았습니다. 하지만 어쩌겠습니까. 각자 할 수 있는 최선의 선택을 하는 것이고, 자신이 직접 그 상황이 되어보지 못하면 이해할 수 없는 부분은 너무나 많으니까요.

> Re:
나만의 선택을
존중하며 꿋꿋이 걸어가세요

친구는 그렇게 생각하고 고민글을 주신 분께서는 이렇게 생각하고, 그래서 친구는 그렇게 하고 있고, 고민글을 주신 분께서는 이렇게 하고 있죠. 그런데 친구들이 속한 무리는 절대 다수의 사람들이 함께 하는 무리. 자연스레 "넌 틀렸어!"라고 말하는 친구의 목소리엔 힘이 들어가고, 확신을 지닌 채 주변의 널린 사례들로 예를 듭니다. 고민을 적어주신 분의 세계는 소수의 세계. 당장 편을 들어줄 이를 찾을 수도 없고 주변 사례도 얼마 없습니다. 그러므로 여기서는 다섯 살 아이가 원에 다니는 것, 혹은 다니지 않는 것의 장단점을 나열하기보다 (그런 건 조금만 검색하면 다 나와 있어요) 좀 더 넓은 관점에서 이런 상황을 다루는 법을 생각해보기로 합시다.

'내가 하는 것에 모두의 동의를 얻을 필요도, 그들이 하는 것을 다 따라할 필요도 없다. 왜? 세상을 사는 방식은 다양하니까.' 이것이 모든 소수자의 기본 마음가짐입니다. 고민글을 주신 분의 경우, 이 기본 마음가짐이 흔들린 것은 아니에요. 다행입니다. 다만, (다수의 방식을 등에 업은) 친구 앞에서 자신만의 교육관을 흔들림 없는 목소리로 또박또박 말하지 못한 것, 그것이 분한 것뿐이죠.

분한 마음의 정도는 아주 양호한 상태입니다. 친구의 말에 '귀가 팔랑거려' 괴로운 상태는 아니니까요. 분함은 시간이 지나면 수그러들 거예요. 그러하니 우리는 지금의 감정 상태가 지나가고 난 다음에 할 일을 생각해봅시다.

첫째, 먼저 '대번에 귀가 팔랑거리지 않는' 자신의 교육적 소신을 칭찬해주세요.

둘째, 반드시 이 기회에 자신의 교육관을 글로 한 번 정리해보세요. 구체적이고 명확할수록 좋습니다. 정리의 기회를 주러 그 친구가 나타났던 거라고 생각하면 마음이 좀 더 평화로워지죠.

셋째, 정리가 끝난 뒤 친구의 말을 다시 떠올려보세요. 그중 큰 줄기는 내 것과 방향이 맞지 않아 버리되, 지엽적인 일부는 수용하거나 보완할 필요가 있다는 생각이 들 수도 있습니다. (예를 들어 아이의 부족한 사회성 부분을 보완하기 위해 비슷한 방식으로 양육하는 엄마와 자녀들과 고정적인 만남을 만든다든지 하는 거죠. 소수자일수록 '연대'는 언제나 중요합니다.)

넷째, 다음에 친구를 만나게 되거든 마무리하세요. "그때 내가 너에게 미처 하지 못했던 말이 있었는데… 이런 것들이야. 하지만 네 말 중에 이 부분은 일리가 있어서 받아들였어. 조언 고마웠어." 이렇게 해서 친구와의 만남을 "에잇, 다신 안 만나! 엉엉"으로 끝내는 게 아니라, 내 삶의 방식을 돌아보고 보완하는 좋은 기회로 삼는 겁니다. 나아가 친구에게도 이 만남이 자신의 방식을 돌아볼 수 있는 성숙한 계기가 된다면 베스트겠죠. (살다 보면 기쁜 만남만큼이나 불편한 만남도 많은 법. 그때마다 이 단계를 주르륵 거치면 어느덧 '현자'의 모습을 하고 있을지도 모릅니다.)

다섯째, 마지막으로 교육 소수자들에게 가장 중요한 건, 이것일 겁니다. 나만의 방식, 나만의 소신으로, (구석에서 혼자 우는 게 아니라) 잘 먹고 잘 사는 것. 함께 하는 사람들의 '숫자'로 내 삶을 양적 증명하는 게 아니라, 동행은 적더라도 '충실한 내용'으로 내 삶을 질적 증명하는 겁니다. 여기서 '증명'이란 누군가에게 보이기 위한 삶이 아니라 누가 보아도 대번에 알 수 있는 그런 삶을 말하죠. 무엇보다 자신이 매일매일 작은 순간들로부터 그 충실함을 스스로 느낄 수 있는 삶을 말합니다.

조금쯤 위로가 되었나요? 그랬기를요. 아시다시피 저는 '극'소수에 속하는 소수자였어요. 아장아장 걷는 아이를 데리고 배낭여행을 떠났을 뿐 아니라 (너무나 하고 싶었으니까!), '엄마표 영어'란 말이 존재조차 하지 않을 때 영어로 아이와 대화했지요. (그렇게 해보고 싶었으니까!) 훼방꾼도, 걱정꾼도, 지금보다 더 많았습니다. 그들을 어떻게 다루었냐고요? 무시했어요. (과격한 어휘 죄송합니다. 그런데 사실입니다.)

그렇게 가던 길을 제 식으로 끝까지 갔습니다. 아이가 (저처럼) 자기 목소리를 내고 제 갈 길을 스스로 선택할 때까지요. 그래서 뭐 큰 문제가 있었냐고요? 아닙니다. 식구들 모두 각자의 방식을 존중하면서 큰 탈 없이 잘 먹고 잘 살고 있어요. 달라도 괜찮아요. 안 죽어요. 남보다 더 잘 했는지, 남보다 더 잘 됐는지 그런 건 모르겠습니다. 그건 주된 관심사도 아니었고요. 제 주된 관심사는 모험(새로운 배움)이 가득한가, 재미있는가, 친밀한 순간이 많은가… 대략 그런 것들이었답니다. 이런 기준, 나쁘지 않죠?

열 번째 질문

영재교육보단 인성교육이 먼저 아닐까요?

　　일곱 살 외동아들을 키우고 있는 엄마입니다. 영재교육에 대해 조언을 듣고 싶어서 이렇게 용기 내어 글을 쓰게 되었습니다. 내 아이가 영재일지도 모른다는 생각… 불과 몇 개월 전까지는 전혀 해보지 않았어요. 아직도 영재라는 말이 참 웃긴다는 생각이 들고요.

　　그런데 얼마 전, 아이의 유치원 친구 엄마들과 곧 다가올 초등학교 입학 걱정을 하면서 이야기 나누던 시간이 있었는데요. 한 엄마가 정색을 하면서 조심스럽게, 그러나 정말 의아하다는 표정으로 물어보더라고요.

　　"○○ 엄마는 왜 영재교육을 안 시키세요? 영재검사 받아보셨어요? ○○가 유치원 수업 때 혼자 다 대답한대요. 그러면 애들은 또 잘난 척한다 그러고요. 선생님도 그런 상황을 매번 받아줄 수 없으시니까, '그래, ○○는 아는 내용이지만 친구들은 모르니까 좀 기다려줄래' 하고 그런다면서요(아이에게 들은 이야기인 모양이에요.) ○○가 얼마나 답답하겠어요. 영재교육원 같은 데 가서 실컷 원하는 거 배우면 애도 얼마나 좋겠어요. 그런데 영재검사도 안 받아보시고, 무슨 소신이라도 있으신 거예요?"

순간 머리가 멍해졌습니다. 네, 그 엄마 말이 맞아요. 저희 아이는 또래와 어울리는 것보다는 어른들과 대화하는 것을 더 즐기고, 어려운 단어를 너무 많이 써서 아이들과 잘 어울리지 못하는 등의 문제를 보여서 놀이치료를 6개월째 받고 있답니다. 이 과정에서 의도치 않게 저희 아이가 제 생각보다 똑똑할 수 있다는 것도 알게 되었어요. 놀이치료를 받기 전에 먼저 심리검사와 지능검사를 했는데 그 결과 150 이상의 점수가 나왔거든요. 사회성 지수를 또래와 비교해보면 비슷한 수준이지만, 인지적으로 워낙 발달해서 그 차이가 크게 부각되는 상황이라 아이도 힘들어하고 있다고 합니다.

저는 그 사실이 기쁘다기보다는 믿고 싶지 않더라고요. 경제적으로도 그리 넉넉하지 않아 아이를 뒷바라지할 자신도 없고, 무엇보다 내 아이가 그저 평범하게 자랐으면 하는 생각을 가지고 살았습니다. 이걸 과연 '소신'이라 볼 수 있을는지요.

그런 마음으로 아이의 약점인 감성과 사회성을 키우고자 제 처지에는 부담스러운 금액이지만 6개월째 놀이치료를 받고 있습니다. 다행히 이런 노력 덕분인지 아이는 예전보다 유치원에서 친구들과 잘 지내고, 사회성도 많이 자랐다고 합니다. 여전히 상대의 감정에 깊이 공감하기보단 순간순간 가르치려 들거나 인지적으로 문제를 해결하려 드는 모습을 보이기도 하지만요.

제 아이의 부족한 부분(감성적 측면)을 더 보강해주고, 아이의 감정을 보듬어주는 놀이치료를 받은 것은 잘한 선택이라고 봐요. 하지만 문득 내 아이의 강점이나 아이가 바라는 교육은 외면하고, 제가 보기에 부족한 부분에만 초점을 맞추고 있는 건 아닐까 하는 생각도 듭니다.

아이가 원하는 것은 더 많은 책과 과학 실험 등 더 많은 지식인데…. 제가 아이에게 해주는 것은 주2회 축구, 주2회 수영, 놀이터에서 뛰어놀기, 주1회 놀이치료, 주1회 그룹치료입니다. 도서관에도 일부러 잘 안 가고 책도 일부러 잘 안 사주고요. 집에 그 흔한 전집 하나 없고 책도 적은 편입니다.

지금도 아이는 초등학교에 가면 실험을 맘껏 할 수 있는 과학실이 따로 있는지 물어봅니다. 그런 아이인데 저는 아이가 원하는 학교를 찾아볼 생각을 한 번도 해보지 않았더라고요. 오히려 제 머릿속에는 공동육아 모임에서 하는 초등 방과 후 교실이 있다는데 거기다 애를 넣어야겠다는 야심찬 계획만 있었어요. 그곳에서는 그저 자연 속에서 노는 게 전부일 텐데 말이죠.

저도 부족함이 너무 많은 엄마이기에 아이가 놀이치료를 받을 때 같이 개인상담을 쭉 받아왔는데요. 얼마 전 상담 선생님께서 사립 초등학교도 고려할 수 있으면 해보라고 말하셔서 더더욱 혼란스럽네요. 아이는 이제 몇 개월 뒤면 초등 입학을 앞두고 있는데, 저는 사립 초등학교는 물론이고 다른 대안학교 설명회 한 번 안 가봤어요. 이미 설명회도 추첨도 다 끝났더라고요. 그저 아이가 평범하게 집에서 제일 가까운 공립 초등학교를 다니며 남들처럼 잘 적응해주기를 바라고 있었구나 싶었어요.

이것도 어쩌면 또 다른 형태의 욕심이 아닐는지요. 무조건 아이가 가진 능력은 버리고, 보통 아이처럼 살아가라고 외치고 있는 건가 싶기도 하고요. 그것도 그저 제 살아온 경험이 만들어낸 생각일 뿐인데 말이죠.

저는 좋다면 좋은 대학 출신이지만, 학벌 다 소용없단 생각을 합니다. 대신 누구와도 잘 어울리는 친화력을 지닌 사람, 성격 좋다는 사람이 젤 부럽습니다. 저는 제 아이가 외롭지 않고, 사람들과 잘 어울려 살며 행복했으면 합니다. 외동인 아이가 형제관계도 겪고, 사회성도 기르고, 자연 속에서 즐겁고 자유롭게 지냈으면 하는 게 솔직한 바람입니다. 그런데 그 행복이란 것도 결국 제가 정한 원칙일 뿐인데, 저는 지금 과연 잘 하고 있는 걸까요?

↳ dani 님

> 저도 어렸을 때부터 습득 능력이 빨라 집안의 기대를 한 몸에 받고 컸어요. 명문대 졸업하고 대기업 다니다가 지금은 그만두고 아이 둘 키우고 있습니다. 각종 경시대회, 올림피아드에 나가서 상도 제법 타고, 초등학교 때부터 토플이며 수학 선행이며 하고 그랬네요.
> 제 생각엔 아이가 관심 있어 하고 좋아해서 하는 게 아니라, 부모나 주변 어른들의 의지에 의해서 선행학습 및 영재교육을

받는 경우, 오래가지 못하는 것 같습니다. 오히려 저처럼 괜한 자만심에 차서 선생님이나 공교육을 무시하고 공부를 소홀히 하는 순간이 찾아올 겁니다.

부모가 아이의 영재성을 인지하셨다면, 먼저 적성을 찾아주시고, 아이가 지치지 않게 꾸준히 아이의 배움을 옆에서 도와주시는 게 제일 좋을 것 같습니다. 자만심에 빠지지 않게 해주시고요. 잘나게 키우려 하지 마시고 당당하게 키우세요. 아이의 능력을 조금이라도 과대평가하지도, 과소평가하지도 마시고요.

↳ **마파람 님**

저는 유치원 시절, 원장 선생님의 제안으로 영재교육원에 다녔고, 학창시절 내내 항상 아이큐가 150 넘는 수치가 나왔으며, 대학 재학 중엔 유명 고지능협회에 회원가입도 하였습니다. 그러나 지금껏 서른 몇 해를 살면서 가장 후회되는 점은 제 머리를 너무 믿고 자신한 것입니다. 그나마 잘한 것이 있다면 금방 '하나의 적성'을 찾아 그 길을 따라온 것이고요.

세상에 영재나 천재라는 직업은 없습니다. 결국 아이는 커서 무슨 일이든 하면서 살아가게 될 텐데, 아이가 가장 편안해하고, 좋아하는 일이 뭔지 찾아서 그걸 계속 할 수 있도록 도와주세요. 그리고 절대 아이에게 '넌 머리가 좋으니'라는 말을 하지 마세요. 머리 좋은 것만으로 잘할 수 있는 건 별로 없습니다. 그 머리 좋음에 더해 분명히 노력을 해야만 결실로 이어지니까요.

글을 보면 아이가 과학을 좋아하는 것 같은데, 엄마가 조금의 귀찮음을 이기고 정보를 찾아보면 좋은 프로그램이 정말 많이 있습니다 (국립서울과학관, 서대문 자연사박물관 같은). 아이가 또래보다 똑똑해서 가장 좋은 것은, 스스로 본인이 좋아하는 걸 찾아낸다는 거예요. 그걸 계속 이어갈 수 있도록 옆에서 도와주세요.

> 운동화 님

저는 천재는 있어도 영재는 없다고 생각하는 사람입니다. 천재는 태생적으로 뛰어나고 어느 누구도 그 뛰어남을 가리거나 막을 수 없습니다. 그래서 결국 그 뛰어난 길로 가게 되어 있다고 생각합니다. 다만 그 뛰어남이 너무 크기 때문에 부족한 부분 또한 생기게 될 것입니다. 사회성 같은 것이 대표적이겠죠. 세계적으로 인정받는 천재들 중 사회성 좋다는 인물의 얘기는 거의 들어보지 못했네요. 하지만 그 천재들은 그 때문에 외로워하거나 괴로워하지도 않은 것 같습니다. 자신이 몰두하는 (그래서 뛰어난) 분야만 생각하니까요.

반면에 영재는 일종의 '아이의 취향'이라고 생각합니다. 좋아하는 분야인 거죠. 남보다 관심이 많거나 습득 능력이 빠른 분야요. 그래서 엄마가 아이의 취향을 제어하진 않았으면 합니다. 자신이 놀고 싶은 방식으로 놀게 하는 것이죠. 단, 엄마가 먼저 나서서 판을 벌려주는 것은 지양하고요. 엄마가 해줄 것은 아이가 하는 행동에 대한 지지와 믿음, 그리고 끝까지 지켜보기 정도가 아닐까 합니다.

> juju29 님

다섯 살, 일곱 살, 아이 둘을 키우며 학교에서 일하는 엄마입니다. 영재 혹은 천재라 불리는 아이들의 남다른 특성은 분명 가릴 수가 없어요. 어딜 입학하시든 아마 1, 2학년 때부터 선생님들로부터 아이의 특별함에 대해 듣게 되실 거예요.

공교육 기관에도 영재교육 프로그램이 많답니다. 학교에서 자체적으로 운영하는 영재학급이나 대학에서 선발하는 영재프로그램에 도전해보셔도 될 거예요. 이런 프로그램들은 사교육에 좌지우지되기보다는 아이의 역량(독서의 깊이와 넓이, 호기심 정도)을 기준으로 발탁합니다. 걱정 마시고, 학교에 보내도 되실 것 같아요.

Re: 기쁜 마음으로 아이의 발달을 응원해주세요

　우리, 상식적인 얘기부터 해봅시다. 평균적인 아이들은 자연스럽게 평균치의 교육을 받습니다. 그 안에서 적당한 동기부여를 받고 적당한 성취감을 느끼죠. 하위 1퍼센트의 아이들에겐 평균치의 교육이 어렵습니다. 보충수업이나 심리치료 등 추가적인 보살핌이 필요합니다. 상위 1퍼센트의 아이들 역시 평균치의 교육으로 상대하기는 어렵습니다. 지적인 호기심을 충족시킬 수도 없고, 당연히 성취감을 느낄 수도 없죠.

　그래서 좋은 교육이란, 유연한 것입니다. 획일적인 내용, 획일적인 형식으로 아이들을 통일시키려 들지 않습니다. '다종'한 아이들에게 '적절'한 동기를 부여하고 성취를 이끌어냅니다. 그 과정에 있어서는 협동하고 배려하는 프로젝트를 완수하게 해(자신이 하위 혹은 상위 1퍼센트인 것과 관계없이) 집단이나 지역사회에 이바지하는 보람을 느끼게 합니다. 그것이 좋은 교육입니다.

　소위 말하는 영재는 '특정 분야'에 뛰어난 재능을 지닌 아이들입니다. 다시 말해, 이들은 매우 불균형한 발달단계를 거치는 아이들이죠. 특정 분야에 관한 능력이 빠른 속도로 발달하기 때문에 다른 분야는 상대적으로 느리게 발달하는 것처럼 보입니다. (실제로 느리게 발달하는 경우도 있죠.) 불균형한 발달은 불행과 연결되기 쉽습니다. 아이 스스로 통제하기 힘든 격차를 감내해야 하기 때문입니다. 그래서 이런 아이들에게는 (하위 1퍼센트의 아이들과 마찬가지로) 세심한 보살핌이 필요합니다.

　이런 상상을 해보세요. 한 아이가 있습니다. 돌이 되기 전부터 종일 앉아 책장을 넘기고, 두 돌이 되기 전 연필을 쥐고 글을 쓰죠. 그런데 이 아이는 두 돌이 되어도 잘 걷지 못합니다. 그럼 이 아이에게 해줄 일은 연필을 뺏고 걸음마 연습을 시키는 걸까요? 아니면 아이가 좋아하는 글을 실컷 쓰게 하고 알아서 걸을 때까지 두고 보는 걸까요? 둘 다 필요하겠죠. 먼저, 적절한 운동을 하도록 유도해야 할 겁니다. 또 아이가 좋아하는 활동을 (뭔가 잘못되었다는 느낌 없이) 계속해나갈 수 있도록 적절한 지원이 주어져야 할 겁니다. 이 두 가지를 '균형 있게' 안배하는 것이, 불균형하게 발달하는 아이를 키우는 엄마의 할 일이 될 겁니다.

　95퍼센트의 보통 아이들을 소중하게 여기는 덴마크에서는 상위 5퍼센트가량의 아이들이 방치됩니다. 그곳에선 엘리트 교육이 딱히 중요한 이슈가 아닙니다. 대부분의 사람들이 평등하게 살아가고 있는데, 굳이 골치 아픈 엘리트의 삶을 선호할 이유가 없는 거죠. 엘리트 양성을 중요하게 여기는 미국에서는 지역사회의 영재들을 선발해

무료 교육프로그램을 제공합니다. 우리는 많은 것이 미국과 비슷하죠. 거기에 학력주의가 더해져 영재라는 어휘 자체가 더 빈번하게 사용됩니다. 사람들의 인식 속에서 어떤 집에서 영재가 나왔다 하면 마치 로또에 당첨되기라도 한 것처럼 부러워들 하죠.

영재라는 어휘가 남용되는 만큼, 그들이 체계적으로 관리되고 있느냐 하면 그렇지는 못합니다. 영재라기엔 조금 애매한 아이들도 '거대한 교육 시장' 속에서 영재라는 이름을 달고 상품이 되어 달리곤 합니다. 영재인 아이들도 '거대한 입시 장사' 속에서 그저 시험문제를 잘 푸는 아이들 정도로 훈련받는 것에 그치곤 합니다. 영재들만의 창의적인 관심사와 독특한 열정을 올바르게 이끌어주고 독려해줄 환경이 제대로 존재하는지 의문이 들 때가 많습니다.

*

그러므로 이런 상황 속에서 고민글을 쓰신 분의 마음을 이해합니다. 아이의 남다른 발달 상태에 대해 불안해하고 당황해하고 있죠. 그렇다면 생각의 전환을 위해 자신의 아이가 하위 1퍼센트의 아이라고 가정합시다. 그렇다면 '나는 이런 아이를 원하지 않았어. 평범하길 바랐는데 이렇게 되고 말았어. 어떤 특별한 것을 해주고 싶지는 않아. 경제적으로도 불가능해.' 불안한 나머지 계속 이런 생각만 하고 있을까요? 아마 그렇지는 않을 겁니다. 아이의 특성을 있는 그대로 받아들이고 한시바삐 도와줄 방법을 찾을 겁니다. 상위 1퍼센트도 마찬가지입니다. 아이의 특성을 있는 그대로 받아들이고 도와줄 방법을 찾아야 합니다. 지금처럼 놀이치료 등 전문가의 도움을 받아 부족한 사회성을 키우는 것은 잘하고 계신 겁니다.

하지만 이 경우, 그 부분에 너무 치중하고 계신 느낌을 받습니다. 불균형하게 발달하는 아이를 키우는 부모가 아이의 너무 높은 부분은 깎고 (혹은 모른 척하고) 너무 낮은 부분은 올려주겠다는 태도는 자칫 이상적으로 들리지만 결과적으로 억압적인 태도입니다. 인간의 재능이나 지능, 혹은 열정이라는 것은 인위적으로 그 수위가 조절되는 것이 아니기 때문입니다. 오직 그것을 '꽃피울 수 있는 환경'을 찾아주는 것만이 최선이죠. 그렇지 못할 때 아이는 고통받습니다. 지루해져서 열심을 낼 동기를 못 찾거나, 무료한 나머지 돌출행동을 하거나, 바람직하지 못한 방면에 머리를 쓰거나…. 특히나 우리 사회는 영리한 아이들을 '시험 잘 보는 기계' 정도로 뭉툭하게 만들어버리는 데 아주 능란합니다. 아이가 일찌감치 스스로의 가능성을 점수에 가두고 '공부는 재미없어' 하고 결론내어버리기 쉽습니다.

그러므로 고민글을 주신 어머니께서는 아이의 낮은 부분은 올려주되 높은 부분은 맘껏 달릴 수 있도록 독려해주어야 합니다. 높은 부분으로 인해 학급 아이들 사이에서 더 두드러질 것을 염려하지 말고, 결국 높은 부분으로 인해 학급에서 부족한 사회성을 만회할 수 있는 시점이 오리라고 믿어야 합니다. 예를 들어, "쟤는 좀 하는 짓이 기이하지만, 과학만큼은 척척박사야." 이렇게 되면 아이들 사이에서도 자리를 찾는 거죠. 학년이 높아질수록 아이들 스스로 이런 판별력이 생기기 때문에, 사회성 부분은 점차 해결됩니다. 그 사이 겪을 것은 겪어야겠죠. 이 부분을 뛰어넘고 싶다는 섣부른 바람을 버리고 부모는 차분하고 침착하게 아이가 학교에서 가져올 상처를 위로하고 다독일 준비를 해야 합니다.

영재를 상대로 부모가 우를 범할 수 있는 경우는 두 가지입니다. "넌 영재잖아. 더 잘할 수 있어!"라고 아이를 능력 이상으로 욕심껏 다그치는 경우. "과학만 잘하면 뭐하니? 애들하고 잘 지내야지!"라고 아이의 부족한 부분만 부각시키는 경우. 이 경우는 후자가 될 가능성이 농후합니다. 모쪼록 적극적이고 기쁜 마음으로 아이의 발달을 응원해주세요.

*

학교 선택에 대해 큰 고민을 하고 계신데, 제가 볼 때 초등 저학년 단계에서는 사립을 가든 공립을 가든 별 차이가 없을 것 같습니다. 고민글을 주신 분의 자녀의 경우, 사립 초등학교를 간다고 해서 딱 맞는 맞춤형 교육을 제공받지는 못할 테니까요. 중고등학교 과정에는 관련 학교들이 여럿 있습니다만, 그전까지는 적절한 학교 '외' 프로그램을 찾아다니셔야 할 것 같습니다. 한마디로 학교에서는 사회성을 기르고, 학교 외 프로그램에서 아이의 지적인 욕구를 만족시킨다는 식으로요. 몇몇 이웃님들이 큰돈 들이지 않고 다양한 과학 실험을 할 수 있는 곳을 알려주셨네요. 이것을 토대로 더 다양한 기관들을 알아내실 수 있겠죠. 그렇게 몇 년간 활동하는 사이 비슷한 성향과 관심사를 지닌 아이들과 부모를 접하게 되실 거고, 거기서 중고등교육에 대한 가닥을 잡으실 수 있을 겁니다. 남다른 아이를 키운다는 것은 부모에게 남다른 부지런함이 필요하다는 뜻입니다. 이를 먼저 받아들이는 결심과 자세가 필요합니다.

대안학교의 방과 후 활동을 신청하셨다고 했는데, 대안교육은 북유럽의 교육관과 많이 흡사합니다. 앞에서 언급한 덴마크식 교육과 흡사하죠. 학과 공부 중 상위의 아이들은 배려하지 않습니다. 물론, 지금 대안학교가 아닌 대안 방과 후 활동을 선택하신 것이기 때문에 사회성 측면에서 대안학교의 방과 후 활동이 도움이 될 거라 생각하신 듯한데, 여기에 아이 의견이 반영된 것인지 궁금합니다.

어쩌면 아이는 학교에서 (부족한) 사회성으로 그닥 즐겁지 못한 시간을 보낸 뒤, 방과 후 또 (부족한) 사회성만 부각되는 공간에서 두 배로 고통받을 수도 있습니다. 아이는 학교에서 참고 지낸 만큼, 방과 후에라도 하고 싶은 실험 등을 실컷 하길 바랄지도 모르죠. 이 부분을 아이와 충분히 대화 나누신 뒤, 적절한 프로그램을 찾아내심이 좋을 듯합니다.

*

마지막으로 쓰신 글에서 '외동인 아이가 형제관계도 겪고, 사회성도 기르고, 자연 속에서 즐겁고 자유롭게 지냈으면 하는 게 솔직한 바람'이라고 하셨는데 그런 '부모'의 꿈은 이제 버리라고 말씀드리고 싶어요. 공부하기 싫어하는 아이에게 억지로 공부를 시키는 것과 마찬가지로 그 바람은 자칫 부모의 일방적인 바람처럼 들려요.

연구실로 들어가 혼자 연구하고 싶어하는 아이에게 자꾸 마당에서 아이들과 있으라고 하면 아이가 행복할까요? 연구실에 있는 사람에겐 바깥 사회에서 느끼지 못하는 또 다른 즐거움과 보람이 있는 겁니다. 아이의 특징을 존중해주세요. 더불어 사는 사회이기에 사회성도 중요하지만, 더불어 사는 사회이기에 연구실에서 혼자 연구하는 사람도 꼭 필요한 법입니다. 게다가 요즘엔 연구실에서의 고독한 결과물이 또 다른 협업으로 종종 이어지니 과학자로서 얼마든지 더 크게 더불어 사는 삶을 살 수도 있는 거고요. 제가 읽은 과학책에서는 모든 훌륭한 과학자들이 종국에 그 지점, 인류를 생각하고 다 함께 나아가는 방식을 고민하는 그 지점에 도달하였습니다. 자신만의 아름다운 철학을 과학의 언어로 설파했죠. 비록 그들 삶의 배경이 고독한 연구실이었을지라도 말입니다.

아이가 스스로, 자기만의 방식으로, 행복해지는 법을 배울 수 있도록 조력자가 되세요. 부모는 부모의 세계관으로 자신의 삶을 살되, 아이를 반드시 그 일부로 끌어들이려고 해서는 안 됩니다. 아이가 다른 방식으로 행복해지고자 할 때, 그것을 존중하고 도울 방법을 열심히 찾아줘야 합니다.

인간의 재능이나 지능, 혹은 열정이라는 것은
인위적으로 그 수위가 조절되는 것이 아닙니다.

오직 그것을 '꽃피울 수 있는 환경'을
찾아주는 것만이 최선이지요.

그렇지 못할 때 아이는 고통받습니다.

열한 번째 질문

공동육아에서는 왜 사교육을 금지하나요?

저희 아이는 30개월이에요. 제가 다음 주 복직이라 얼마 전부터 가정형 어린이집에 보내는 중인데 그럭저럭 잘 적응한 상태고요. 지난 주말 공동육아 어린이집 면담을 다녀왔어요. 일하는 엄마가 오롯이 믿고 맡길 수 있는 곳이란 생각에 올봄에 대기등록을 걸어두었어요.

그런데 면담 때 이야기를 들어보니 원에서뿐만 아니라 집에서도 일체의 사교육을 시키지 않는 게 그곳의 원칙이래요. 저는 놀이식 인지교육이나 아이가 원하는 예체능교육은 지지하는 입장이라 약간 당황스러웠어요. 공동육아의 교육 철학을 정확히 알지 못해 드는 거부감일 수도 있지만, 뭔가 획일화하는 느낌이랄까요. 물론 원장 선생님께선 소통의 문은 항상 열려 있으니 개선이 필요한 부분은 언제든 논의할 수 있다고도 덧붙이셨죠.

주위에 공동육아를 하시는 분도 없고, 인터넷을 통해 알 수 있는 정보는 제한적이어서 작가님께 여쭤봅니다. 워킹맘으로서 아이를 공동육아 어린이집에 보내는 것이 좋은 선택인지 궁금합니다.

↳ 웬즈데이 님

> 저는 공동육아 6년차예요. 공동육아에서는 아이들이 경쟁 구도 속에 들어가지 않고 자유롭고 행복하게 살기를 바라죠. 그런데 어떤 아이가 피아노를 시작하면, 다른 아이도 피아노를 하고 싶어 하죠. 부모의 불안도 부채질하고요. 또 사교육 기관에 다니게 되면 아이들의 생활리듬이 달라집니다.
>
> 다만 저희 조합은 부모와 배우는 건 말리지 않아요. 집에서 엄마가 영어로 대화하며 가르칠 수 있고요, 피아노도 부모가 가르칠 수 있어요. 혹은 조합원 중 다른 누군가의 품을 빌릴 수도 있지요. 이런 방법은 관계를 형성하는 아주 좋은 방식이라고 생각합니다.

↳ 디지몬 님

지금은 고1, 고2인 연년생 남매를 공동육아로 키웠습니다. 중학교까지 선행학습은커녕 학원도 거의 보내지 않았고요. 아이들이 사춘기가 된 시점에서 10년 전 유아기를 되돌아볼 때, 가장 핵심이 되어야 할 교육방침은 '아이의 시간을 가로채지 않는 것'이라고 생각합니다. 사교육을 시킬 것인가 말 것인가 하는 논점은 아이의 시간이 부모의 것이라는 착각에서 기반한 생각일 수 있습니다.

모든 사교육이 아이의 시간을 뺏는 것은 아니겠지만, 대부분의 경우 아이에게서 시간을 뺏는 형태가 됩니다. 아이가 무언가에 몰두할 시간을 뺏지 않아, 산만하지 않고 집중력 있는 아이로 키우는 것이 현실적인 측면에서도 좋은 성과가 난다고 봅니다.

> Re: **특정 기관의 이점을 살피기보다는
아이와 부모가 편안함을 느끼는 곳을 선택하세요**

아이가 가정형 어린이집에 적응을 했다고 하셨는데, '꼭 공동육아 어린이집을 보내야 하나?'라는 의문이 든다면 다시 생각해보세요. 모든 교육 기관은 아이와 부모가 동시에 편안함을 느끼는 곳이 '머물 곳'이니까요. 아이도 부모도 편치 않은데 '남들이 좋다' 하여 혹은 '애가 컸을 때 도움이 된다' 하여 교육 기관을 선택하는 경우가 왕왕 있지요. 좋지 않습니다. 소신껏 하시면 됩니다.

특히나 아이가 아직 세 살이라고 하셨으니 '원'의 느낌보다 '가정'의 느낌이 강한 보살핌이 더 와 닿으시는 건 당연하다고 생각합니다. 이 시기의 아이들은 한 해가 다르게 성장하고 그때마다 부모가 보육 기관에 기대하는 내용도 확확 달라집니다. 아이의 성장에 맞춰 또 다른 필요성을 느끼게 되면 그때 적합한 곳으로 찾아가시면 됩니다. 다만, 가정형 어린이집과 비교하여 공동육아가 안전한 지점이 있다면 부모와 교사 등 여럿이 함께 아이들을 돌본다는 점(사각지대가 없죠), 교사가 주기적으로 재교육을 받고 지속적으로 성장한다는 점(언제 어떤 교육을 받을지도 부모와 교사가 함께 결정하죠) 정도일 것 같네요.

공동육아의 사교육에 대한 방침은 대안학교의 사교육에 대한 방침과 궤를 같이 합니다. 둘 다 현 교육제도에 대한 '대안'을 모색하다 탄생된 교육 기관이기 때문입니다. 당연히 대한민국의 메가트렌드(사교육, 경쟁)와는 대립되는 성격의 교육을 지향하죠. 그래서 저는 질문에 대한 답변을 (사교육 하나로만 국한해서 드리지 않고) 좀 더 포괄적인 관점에서 드리겠습니다.

*

대안교육에서 우선시하는 것은 공동체적 가치입니다. '나'가 아니라 '우리'이고, '내 아이'가 아니라 '우리 아이들'이죠. 의사결정은 항상 전체에 도움이 되는 방향으로 이루어집니다. 한 개인의 돌출된 능력은 덜 주목받고, 그 개인의 전체와 어우러지는 인성을 더 소중하게 다루죠. 동시에 약자를 먼저 보살핍니다. 유난히 적응을 못하는 아이가 있거나, 장애를 지닌 아이가 있거나, 집안 형편이 어려운 아이가 있을 때, 그 아이가 제대로 어울릴 수 있을 때까지 교사와 학부모들은 다른 아이들이 배려하도록 이끌고 아이들이 참는 법을 배우도록 하죠. 약자를 잘 보살피는 것이 결국 '우리(전체)'에게 도움이 된다고 보기 때문입니다. 북유럽 복지국가의 가치관과 같죠? 똑똑하고 능력 있는 아이를 우선적으로 보살피고, 약자는 소외되는 우리 사회의 메가트렌드와는 완전히 반대되는 풍경입니다.

그러므로 내 아이의 우수함을 돋보이게 하고 싶은 분들, 아이의

'능력'을 잘 키우는 것이 아이가 인생을 잘 살 수 있는 방법이라고 믿는 분들은 이곳에서 고전합니다. 더불어 사는 법을 배우는 것이 아이가 인생을 잘 헤쳐나가는 방법이라고 믿는 분들이 이곳에서 행복하시죠. 어떤 구성원이 공동체적인 마인드 없이 공동생활을 한다는 것은 서로를 불편하게 할 뿐입니다.

공동육아를 했던 시절을 돌아보면 참 따뜻합니다. 한 밥상을 놓고 먹는 대가족 같았죠. 모든 아이들이 내 아이 같았고요. 모든 엄마 아빠들이 형제처럼 신뢰하고 속내를 터놓을 수 있는 친구들이었습니다. 보일러공이든 변호사든 한자리에서 제각각 동등하게 필요한 사람들이었습니다. 그것은 이 전쟁터같이 고독한 땅에서 참으로 포근하면서도, 스스로 넓어지는 존재가 되는 듯한 '이상적인' 체험이었습니다.

문제는 그 안에서 벌어지는 일들이 그곳을 벗어났을 때 지독한 대비를 이룬다는 점입니다. 말하자면, 공동체 생활과 바깥세상을 양립시키는 피곤함 같은 거죠. '대안적인 삶', 이 이상적인 생활은 슬프게도 대한민국이라는 혹독한 경쟁사회에서 완벽한 '역류'이니까요. 예를 들어, 잔업과 야근에 시달린 부모가 다시 공동체로 들어가 그 일원으로서의 책임을 감당해야 합니다. 주중엔 모두 바쁜 사람들이 모여야 하니 어쩔 수 없이 주말에도 회의가 이어지죠. 밖에서는 '원비'만 제때 내면 (교육) 소비자로서 다른 할 일이 없는데, 이곳에선 돈은 돈대로 내고, 할 일은 할 일대로 '언제나' 있죠.

그러다 보니 회사 일을 줄일 수도, 공동체적 책임을 줄일 수도 없어 결국 '가정'에서 오붓하게 보낼 수 있는 사적인 시간과 여력을 희생할 수밖에 없습니다. 이 지점에서 선택이 갈라집니다. 아이를 위해서 왔는데 정작 부모로서 아이와 충분한 시간을 갖지 못한다는 회의가 드는 거죠. 반면, 아이를 위해서 왔지만 부모의 인생까지 풍성해졌다며 그 리듬 자체를 힘차게 소화해내는 분들이 있습니다. 이분들의 자녀교육은 대체로 대안학교로까지 이어집니다.

*

어쩌면 엄마들이 공동육아에 대해 가장 궁금한 것은 한 가지뿐인지도 모르겠습니다. 우리 사회의 모든 화두가 〈기-승-전-'돈'〉이듯이 모든 교육적 궁금증은 〈기-승-전-'성적'〉으로 끝납니다. 공동육아 어린이집을 나온 아이들은 공부를 못한다는 말이 있습니다. 이 말을 들으면, 참 어쩌다 우리 사회가 이토록 깊이 병들었나 싶습니다. 공부에 대한 광신이 거의 미신에 이르니까요. 아무렴 한 아이가 어린이집을 어디 나왔는지에 따라 평생 공부를 잘하고 못하고 할까요? 어린이집과 성적은 아무 상관없을 겁니다. 외려, 부모의 태도가 깊이 관여하는 것은 맞습니다. 공동육아 어린이집에 다니는 아이들은 부모가 '공부나 성적은 중요하지 않아' 하면서 키웁니다. 당연히 '성적이나 점수가 가장 중요해' 하면서 키우는 부모의 아이들과는 유년의 하루하루를 다른 내용으로 보내게 되고, 학교생활도 다른 가치관으로 대하게 되죠. 성적 차이가 난다면 아마 여기서 날 겁니다.

그러나 이것은 단기적인 이야기입니다. '성적이 중요해'라고 해서 받아쓰기 점수를 좀 더 일찍, 좀 더 잘 받아오도록 훈련된 아이가 막상 청소년기까지 쭉 그 성적을 이어간다는 것은 또 다른 이야기죠. (당연히 자기주도적으로 행복한 삶을 꾸려갈 수 있는 성인이 되는지와도 다른 이야기겠죠?) '어린이집'을 한참 넘어서는, '부모의 학구열'과도 완전히 별개인 수많은 변수들이 아이의 성장 과정에 끼어들기 때문입니다.

저는 예나 지금이나 조부모의 도움 없이 저녁까지 아이를 맡겨두고 일해야 하는 맞벌이 부부에게 공동육아 어린이집은 아이의 몸과 마음을 가장 안전하고 건강하게 보살피는 교육 기관이라고 생각합니다. 하지만 엄마가 직장에서 풀타임으로 근무하지 않을 때, 그리고 공동체적인 가치를 존중하지 않을 때, ('어릴 때 많이 놀면 두뇌발달에 좋다더라', '친환경 먹거리를 준다더라' 하는 식의) 공동육아 어린이집의 어떤 이점만을 보고 선택하는 것은 바람직하지 않습니다. 그런 분들께는 먼저 부모로서 자신의 삶을 돌아보고, 그러고 나서 선택 가능한 기관들을 두루두루 살펴볼 것을 권합니다.

우리 사회의 모든 화두가
〈기-승-전-'돈'〉이듯이
모든 교육적 궁금증은
〈기-승-전-'성적'〉으로 끝납니다.

아무렴 한 아이가 어린이집을
어디 나왔는지에 따라
평생 공부를 잘하고 못하고 할까요?

열두 번째 질문
대안학교와 일반 학교, 어느 쪽으로 진학시키는 게 나을까요?

　내년에 드디어 학교에 입학하는 일곱 살 남자아이를 네 살부터 지금까지 공동육아 어린이집에 보내왔습니다만, 작가님도 겪어보셨으니 아시겠죠? 일곱 살 하반기 공동육아계의 불안이요. 저희 아이는 내년에 집 앞에 있는 일반 학교에 입학시킬 예정이지만, 친한 엄마들은 대부분 대안학교를 선택했어요.

　공교육과 대안교육 중 어느 쪽이 나은지 여쭙는 것은 아닙니다. 커리큘럼이나 제가 사는 방식은 대안교육 쪽이 더 맞았습니다. 그런데 대안학교가 아이를 어떠한 틀에 가두는 느낌이 들었고, 오히려 그 틀이 아이의 자유를 제한하는 것 같았습니다.

　그래서 우선은 일반 초등학교에 보내서 다양한 친구들도 만나게 하고, 나름의 갈등도 겪게 해본 후에 아이가 성장해서 본인이 대안학교 진학을 원하거나 제 생각이 바뀌면 옮기는 방법도 생각하고 있습니다.

　제가 궁금한 것은, 아니 불안한 것은 아이가 초등학교 입학 후 공부를 못할까 속상한 것이 아니라, 아이가 자신감을 잃는 것입니다. (공부라고 표현했지만 학교에서 하는 여러 활동들을 아울러 칭하겠습니다.) 아이의 자존감을 유지하기 위해 제가 노력해야 할 것은 무엇일까요? 아이가 학교생활에 잘 적응하도록 제가 부모로서 도와주어야 할 것은 무엇일까요? 입학 전부터 아이가 학교에서 어려움에 처할 것이라 각오하고 위로할 방법부터 먼저 찾고 있는 저는 아이를 믿지 못하는 불안한 엄마인가요? 저의 불안이 아이에게도 전달될 텐데 모쪼록 현명한 충고 부탁드려요.

↳ 셀린 님

저는 대안교육에 긍정적인 생각을 가지고 있어요. 그러나 먼저 말씀드리고 싶은 것은, 아이의 성향을 잘 파악하시라는 거예요. 아이가 한글을 읽고, 못 읽고의 문제가 아니라 아이가 학교에 가서 무엇을 배우길 원하시는지 잘 생각해보세요. 초등학교 기간은 장장 6년인데 초등 고학년에 전학을 가게 되면 아이가 더 힘들어할 수도 있어요.

지역이 어디신지는 잘 모르겠지만, 아이 스스로 '난 한글을 잘 못 읽어도 친구들과 재미있게 잘 놀고 선생님 말씀도 귀담아들어'라고 생각한다면 공교육 기관에서의 적응을 크게 걱정하지 않으셔도 될 듯해요. 학교 선생님 중에서 공부를 중요시하는 분들이 계시지만, 아이의 개성과 가능성을 바라보시는 분들도 분명히 계세요. 아이도 이런저런 선생님들을 겪으며 선생님도 저마다 다르시구나 하는 걸 느끼게 되죠.

물론 소수정예로 이루어지는 수업과 학년이 바뀌어도 변동

> 없이 관계가 지속적으로 이어지는 담임선생님과의 친밀성은 대안학교의 가장 부러운 부분이긴 합니다.

↳ **카일라스 님**

저는 1년을 고민한 결과, 아이를 대안학교에 보내기로 결정했고 지금은 그 학교의 예비 학부모가 되었습니다. 주위에서 공교육 기관으로 가도 잘할 아이인데 굳이 왜 대안학교를 보내려고 하느냐, 나중에 아이 진로는 어찌 할 거냐 하는 등 우려의 목소리도 많이 들었어요.

저 역시 고민글 쓰신 분과 비슷한 고민을 했습니다. 개인적으로 아이를 너무 온실 속 화초처럼 기르는 것은 아닐까 싶기도 했고, 대안학교라는 곳이 자유로운 듯 보이나 공동체를 위한 규칙이나 약속이 많아 오히려 아이의 자유를 더 빼앗는 느낌도 들었거든요.

일단 지금까지의 경험에 근거하여 제가 내린 결론은 아직은 아이를 시스템의 폭력을 벗어난 안전한 울타리에 두는 편이 더 낫다는 것입니다. 아이도 저도 같은 가치관을 향해 길을 내는 사람들과 함께하는 것이 개인의 자유를 조금 희생하는 것보다 더 가치로운 일이라 생각했습니다. 진로 문제도 아이가 스스로 생각하는 힘을 길러 자기 자리를 찾아가게 하는 편이 좋을 것 같았고요.

덧붙여 한 가지 더한다면 아빠의 관심입니다. 저희 남편은 공동육아까진 아니지만 비슷한 분위기의 어린이집을 다니면서 아빠들만 모이는 모임에 참석해야 하는 등 아이의 육아에 참여하는 일들이 참 많았어요. 아마 이런 기관에 다니지 않았다면 절대 지금처럼 부부가 함께 아이와 아이의 교육에 대해 이렇게까지 소소하게 대화하지 못했을 거라 생각됩니다.

↳ **참빛정 님**

저희 딸아이는 선행학습을 하지 않고 공교육 받는 아이입니다. 지금은 4학년이고요, 수학을 제일 어려워합니다. 지금까지 담임선생님들께서 아이를 진정성 있는 애정으로 가르쳐주셨는데, 그중에는 한 학기만 선행을 시켜보라 한 분도 계셨고, 따로 숙제를 내주시는 선생님도 계셨습니다. 그러나 아이가 모르는 것을 질문했을 때, 아이를 귀찮아하거나 면박을 주어 상처를 준 선생님은 한 분도 없었습니다. 참 감사하죠.

아이는 학년이 올라가자 이제는 풀다가 모르는 문제를 선생님보다 친구들에게 물어봅니다. 아이들은 친구를 돕는다는 생각에 대체로 친절하고 기쁘게 가르쳐줍니다. 그런 걸 보면 아이들은 어른들의 걱정보다 훨씬 더 순수합니다. 딸애가 친구에게 모른다고 면박당한 일은, 초등학교 입학 후 4년간 딱 한 번 있었습니다. 아이가 학원에 보내달란 이야기를 그때 처음 하더군요.

그때 저는 아이에게 "○○야, 너는 절대 □□보다 못하는 게 아니야. 단지 오늘 처음 배워서 그런 것뿐이야. □□는 가르쳐주는 걸 싫어하는 친구니까, 선생님께 물어보도록 하자. 선생님께서도 안 가르쳐주시면 그땐 엄마가 학원에 보내줄게"라고 이야기해주고, 선행을 시키지 않는 이유도 더불어 알려주었습니다. 이후 아이는 지난번에 자기가 모르는 걸 잘 가르쳐준 친구가 자기 뒤에 앉았다며 학원에 안 보내줘도 된다고 하더라고요. 고민글을 써주신 분께서 아이를 믿어주시고, 또 아이가 만날 선생님과 친구들을 믿어주시길 바랍니다. 간혹 만날 수도 있는 부정적인 인연은 극소수일 거라고 생각합니다.

→ Re:
대안교육과 공교육은
서로 다른 장단점을 지닙니다

　대안학교의 장점은 아마 잘 아실 겁니다. 경쟁과 평가보다 공동체적 협력과 나눔을 가르치고 아이가 발달이 조금 느리다 해도 그에 맞는 세심한 보살핌이 이루어지죠. 지속가능한 환경과 생태를 배움의 큰 부분으로 받아들이고 이를 몸소 체득하기 위해 농사와 집짓기도 직접 해봅니다. 형제자매 같은 친구들과의 관계 및 든든한 동료의식, 거기서 이어지는 방과 후 놀이문화는 아이들에게 천국과 다름없죠. 순수성, 발랄함, 뚜렷한 자기주장, 사람과 관계에 대한 건강한 애정, 친환경적 먹거리 및 생활환경, 스마트폰 같은 미디어 대신 책 읽기… 장점이 참 많습니다.

　여기에 보너스로 학부모 입장에서는 교사와의 대화 기회가 언제나 열려 있다는 점, 양육 스트레스를 함께 나눌 학부모(이자 친구)가 늘 곁에 있다는 점이 크나큰 장점이죠. "자기 아들은 그 정도면 양반이여. 우리 아들? 말도 마!" 사심 없이 이런 대화를 쏟아내고 나면 양육의 큰 짐들이 아주 작아져 보이곤 하죠.

　단점도 아마 잘 아실 겁니다. 입학 기부금(학교마다 다름)과 학비

(대체로 월 30~40만 원). 대안학교를 귀족학교라고도 부르는 이유죠. 세간의 평에 따라 '학비'를 단점으로 분류하기는 했습니다만, 사실 저는 이 부분에 대해 다른 생각을 지니고 있습니다. 대안학교 아이들은 사교육을 받지 않죠. 하지만 일반 학교 아이들은 학년이 높아질수록 사교육비 지출이 기하급수적으로 늘어납니다. 그렇다면 과연 초중고 과정을 통틀어 볼 때, 이 대안학교 학비가 비싼 것인가? 저는 그렇지 않다고 생각합니다.

그다음 단점으로는 학부모의 참여가 꼭 필요하다는 것을 들 수 있습니다. 하지만 이 역시 다른 해석이 가능합니다. 바쁜 와중에 학교 일까지 참여하려면 미칠 노릇이지만, 학교 일에 참여하고 학교에서 소외되지 않음으로써 언제라도 아이의 학교생활을 잘 파악할 수 있고 학교와 소통이 가능하다는 것은 장점일 수도 있으니까요. 게다가 일정 정도 공동체의 일원이 된 후에는 주말에 학교 청소를 하고 와도 대가족이 모였다가 헤어진 듯한 따끈한 노곤함을 느끼게 되기도 합니다.

*

그러므로 가장 핵심적인 단점은 비용이나 시간이 아닌 아마도 이것일 겁니다. '호환성'. 학교라는 공간이 부모의 미래지향적인 신념이나 이상향을 완성하기 위한 공간이라기보다 아이들이 독립적으로 살아갈 '당대의 현실적'인 도구를 마련해주는 공간이라고 볼 때, 대안학교의 사회적 호환성은 많이 떨어집니다. 우리 사회에서는 대안학교를 졸업한 아이가 대학에 가고자 한다면 따로 검정고시를 보라고 요구하고, 취업을 하고자 한다 해도 일정 수준의 검증된 학력을 요구하니까요. 아이가 아무리 협동심이 뛰어나고 타인을 배려할 줄 안다 해도 그런 것들은 측정이 불가능하죠. 아이가 학교를 벗어나는 순간, 사회는 점수로 측정이 가능하고 서류에 기재가 가능한 스펙들을 내놓으라고 하기 때문입니다.

실제로 제가 지켜본 대안교육은 초등 저학년일 때 크고 이상적인 꽃을 피우다가, 학년이 높아질수록 부모들이 현실적인 고민에 휩싸이면서 흔들립니다.

그중에는 고등과정까지 만족스럽게 마치고 차곡차곡 검정고시를 준비하는 아이도 있습니다. 공부에 질린 경험이 없으니, 자기 스스로 뜻을 세우고 자기 속도로 진도를 뺍니다. 느려도 보기 좋습니다. SKY도 가냐고요? 어렵습니다. 하지만 분명한 것은 그 아이의 인생이 철저히 자신의 것이란 사실입니다.

그중에는 만족도가 높지 않지만 다른 학교로의 호환이 불가능하여 끝까지 다니는 학생도 있습니다. 그러나 울며 겨자 먹기로 학교에 다니는 학생은 공교육 기관에 훨씬 더 많으므로 저는 이 또한 여느 학교에서 있을 수 있는 현상이라고 봅니다.

그중에는 중간에 빠져나가는 아이도 있습니다. 그 아이들이 왜 대안학교를 나갔는지 그리고 어떻게 다른 교육체제로 '호환'되었는가에 대한 경험담은 모두 제각각이어서 일반화할 수가 없습니다. 심플하게 공교육에 안착한 아이도 있고, 계속 다른 학교를 전전하는 아이도 있습니다. 아이의 성격이나 부모의 성향이 모두 제각각이니 당연한 결과겠죠. 저는 여기서 그중 제가 잘 아는 이야기, 중빈이의 이야기만 꺼내볼까 합니다. 혹시라도 대안초등학교에서 다른 학교로의 이동을 생각하고 계신 분이 있으시다면 도움이 될까 해서요.

*

중빈이는 대안학교에서 실컷 놀다가 4학년 겨울방학 때 제게 두려운 목소리로 말했습니다. "나 이러다 홈리스 될 것 같아." 학교가 아이에게 여러 가지를 주었으나 미래에 대한 안전감은 주지 못한 것이죠. 혹은 중빈이가 유독 그런 것에 민감했던 것일 수도 있고요. "대안학교는 play, play, play뿐이고, 일반 학교는 study, study, study뿐이야. 난 그 가운데 학교를 갈 거야." 남편과 저는 엄청난 혼란에 빠졌습니다. 공동체 생활이 좋았던 터라, 심지어 못마땅하기까지 했죠. 하지만 아이는 확고했습니다. 대안교육을 불편해하시던 할머니 할아버지만 즉각 환호하셨죠. 아이가 선택한 것은 국제학교였습니다. 평소 저는 '아이의 선택을 부모가 좌지우지하는 것보다는 차라리 등골을 빼서 주는 편이 낫다'고 생각하는 쪽입니다. 그래서 시간이 좀 걸리긴 했지만 점차 아이 의사를 존중하는 쪽으로 마음을 바꾸었습니다. 별다른 준비도 없이 한 달 만에 급하게 시험을 치르고 이듬

해 가을, 6학년으로 중등과정을 시작하게 되었습니다.

돌이켜보면, 중빈이에게 '호환'이 가능했던 건 엄마표 '영어', 여행, 독서, 대안교육이 준 거침없는 '의사표현 능력'이었습니다. 입학시험 토론에서 아이는 전혀 겁먹지 않았고 마음껏 자기 생각을 이야기했죠. 예를 들면, "월드컵이나 올림픽은 엄청난 비용으로 치러진다. 이것은 사치인가?" 묻는 질문에 대해 "사치가 아니다. 저 공원의 아름다운 조각품을 보라. 월드컵이 사치라면 저것도 사치이다. 인류 문명 전체가 사치가 된다" 하는 식으로요.

같이 토론을 했던 아이들은 대체로 "나는 축구를 좋아합니다. 그러므로 월드컵은 사치가 아닙니다" 정도로 말했다면서, 중빈이는 오히려 그 점을 놀라워했습니다. 제가 "대안학교에서 나가면 넌 엄청나게 공부 많이 한 아이들과 만날 텐데, 그냥 있지?"라며 협박을 했었기 때문입니다.

시험 날 아이들은 창백한 얼굴로 인터뷰 순서를 기다리며 문제집을 풀고 있었는데, 중빈이는 빨리 시험을 치고 싶어 미치겠다는 사람처럼 엉덩이를 들썩이며 자기 순서가 오기만을 기다렸어요. 두 개의 주제를 주고 그중 하나를 골라 에세이를 쓰라는 항목에서도 두 개 모두를 써내고 나왔습니다. 심지어 엄마 아빠를 보자마자 "내가 1등이야!"라고 외쳤답니다.

1등이었을 리가요. 합격 여부만 알려주기에 점수를 알 수는 없지만, 아마 수학 시험은 완전 헤매다 나왔을 겁니다. 지금도 좀 헤매는 편입니다. 중등 선행학습까지 받고 강남에서 온 아이들과 사칙연산만 하다 온 대안학교 출신 아이의 수학 능력 간격은 결코 하루아침에 좁혀지지 않으니까요. 다만, 시험과 경쟁에 시달려본 적이 없는 아이에게 그날은 무섭고 긴장되는 날이라기보다 새로운 도전을 즐기는 날이었던 것이 분명합니다. 평소에 마음껏 떠들고 지껄이고 휘갈겨 써대던 생활의 또 다른 하루였을 뿐이었던 것이 분명합니다.

*

　주제에서 벗어나는 이야기를 잠깐 해야겠습니다. 사실 이 부분이 제가 앞에서 '유아의 사교육'과 관련하여 언급하고 싶었던 부분입니다. 중빈이의 예(수학 VS. 토론)에서 보셨듯이 사교육을 많이 받은 아이와 사교육을 받지 않은 아이는 '서로 다른' 강점을 지닙니다. 그리고 각 강점이 표현되는 지점이 다릅니다. 적어도 초등 과정까지는 사교육을 많이 받은 아이와 사교육을 받지 않은 아이가 한자리에서 만나 각자의 강점을 발휘하는 것이 가능합니다. 각자의 약점을 보완하기에도 남은 시간이 충분합니다. 어차피 '다른' 강점과 약점을 지닐 뿐이라면, 유아를 실컷 놀리는 것이 낫겠습니까, 일찍부터 학원으로 뺑뺑 돌리는 것이 낫겠습니까?
　마찬가지로 대안교육과 공교육도 서로 다른 장단점을 지닙니다. 그리고 사회에서 혹은 인생에서 그 장단점이 드러나는 지점이 다릅니다. 그러므로 대략 이쯤에서 대안교육의 대표적인 장단점을 열거

하는 것을 마무리하겠습니다. 공교육의 장단점이야 너무나 잘 알고 계실 것이고, 대안교육의 장단점을 뒤집어놓은 것이 공교육의 장단점이 되리라는 생각도 듭니다. 학교를 선택함에 있어 내 가족의 교육철학과 내 아이의 성향이 어떤 교육과 어떤 식으로 사이좋게 지낼 수 있을 것인가를 깊이 생각해보시면 좋을 듯합니다.

*

다시 본래의 질문으로 돌아오겠습니다. 아이의 자존감을 유지하기 위해 엄마가 노력해야 할 것은 무엇이냐고 물으셨죠? 마구 떠들게 하십시오. 하는 말마다 귀를 기울여주십시오. "너 참 대단한 생각을 했구나" 하고 칭찬해주십시오. 하찮은 것을 쓰고 그려서 들고 와도 "넌 진짜 엄마 아빠보다 천 배는 업그레이드됐다" 하고 안아주십시오.

어차피 아이들은 일정한 나이가 되면 자신이 다른 아이들보다 어떤 면에서 못하다는 것을 스스로 깨닫게 되어 있습니다. 그때까지는 눈먼 부모 노릇을 해주시고, 그때가 되어 아이가 자신을 탓하거든 더더욱 눈먼 부모 노릇을 해주십시오. 우리가 아이들을 낳고 기르는 이유는 그들을 판단하고, 좌절시키고, 감시하고, 비난하고, 잡아당기기 위해서가 아닙니다. 그들이 팔을 잃고 다리를 잃어도 "넌 가장 소중해!"라고 말해주기 위해서입니다. 이걸 못하는 부모라면 마땅히 자신의 못난 사심을 엄히 돌아봐야 할 것입니다.

학교생활에 잘 적응하기 위해 부모로서 도와주어야 할 것이 무엇이냐고 물으셨죠? 입학 전, 아이가 학교생활에 적응하기 위해 필요한 것은 의외로 아주 기본적인 '생활'과 관련된 것들입니다. 의외로 엄마들이 가장 소홀히 여기는 부분이기도 하죠. 줄을 서는 법, 가방을 싸는 법, 연필을 깎아 필통을 정리하는 법, 지우개로 깨끗이 지우는 법, 글씨를 힘 있게 쓰는 법, 친구들과 사이좋게 노는 법, 급식을 깨끗이 먹는 법, 종이를 접고 가위를 쓰는 법, 선생님 말씀에 귀를 기울이고 궁금한 것을 질문하는 법 등 입학하기 전에 이런 기본 생활과 관련된 것들을 차분히 일러주시고 시연해 보여주세요. 매일 저녁 직접 해보게끔 하시고요. 질문하고 귀담아듣는 연습 같은 건, 작은 역할극처럼 '학교 놀이'를 해보셔도 좋겠고요. 일단 이런 기초적인 '학교생활의 흐름'에 자신감을 얻고 올바른 자세를 몸에 익히면 초등1학년 수준의 공부 같은 건 귀에 쏙 들어오게 되어 있습니다. 마치 그릇을 닦아두는 것과도 같죠. 반질반질 잘 닦아놓은 '준비된' 그릇에 음식 담기가 훨씬 수월한 것과 같은 이치입니다.

입학 전부터 아이가 어려움에 처할 것이라 각오하고 위로할 방법을 찾고 있는 자신이 아이를 믿지 못하는 불안한 엄마인가 물으셨죠? 아니오. 모든 엄마에게 그런 염려가 있습니다. 특히 이런 엄마들은 입학 전 '우리 아이가 가장 잘할 거야' 하고 생각하는 엄마보다 무지하게 건강하고, 아이와 밀접하게 교감하고 있으며, 현 대한민국 교육의 본질을 꿰고 있으시다고 생각합니다. 그러나 어떠한 일도 아직 벌어지지 않은 일입니다. 걱정하든 안 하든 벌어질 일은 벌어지고, 벌어지지 않을 일은 벌어지지 않죠.

　게다가 이 교육제도는 참으로 답이 없어서 아이가 공부를 잘하면 잘하는 대로 더 잘하지 못해서, 아이가 공부를 못하면 못하는 대로 더 잘하지 못해서, 어차피 모든 학부모의 근심과 초조를 극대화하게 되어 있습니다. 미리부터 에너지 낭비를 할 필요는 없다고 말씀드리고 싶네요. 불안과 근심에 쓸 에너지를 '중고등 학부모용'으로 대량 비축해놓으시고, 그러고도 남는 양이 있다면 '오늘' 아이와 노는 데 쓰세요. 제가 늘 하는 이야기, 깔깔대며 함께 놀 수 있는 소중한 날들, 많지 않습니다!

우리가 아이들을 낳고 기르는 이유는
그들을 판단하고, 좌절시키고, 감시하고
비난하고, 잡아당기기 위해서가 아닙니다.

그들이 팔을 잃고 다리를 잃어도
"넌 가장 소중해!"라고 말해주기 위해서입니다.

이걸 못하는 부모라면 마땅히 자신의
못난 사심을 엄히 돌아봐야 할 것입니다.

열세 번째 질문
혁신학교에서 일반 학교로 옮기려 하는데, 이 불안함을 어떡하나요?

저희 아이는 초등6학년 남자아이입니다. 지금은 대안교육을 하는 혁신학교를 다니고 있습니다. 아이는 이 학교를 보내줘서 너무 행복하고 감사하다고 아침마다 제게 얘기하며 등교하네요. 방학에도 주말에도 학교에 가고 싶다고 하고, 6년을 같이 지낸 친구들을 정말 가족같이 생각한답니다.

그런데 제주도 이주를 준비하며 아이의 전학도 함께 준비하고 있습니다. 아이는 혁신학교 다니는 6년 동안 놀기만 했고요, 어떤 학원도 다니지 않았어요. 대신 짬짬이 저와 많은 여행을 다니고, 학교에서 하는 도전활동(지리산 종주, 자전거 종주, 무인도에서 살기 등)은 열심히 했네요. 중학교는 집 근처 학교를 다니며 공부 좀 하자는 제 설득에 아이는 수긍은 하면서도 매일 눈물 바람입니다. 전학은 하겠다고 했지만 학교 친구들과 수학여행은 꼭 가고 싶다고 11월에 학교를 옮겨보겠다며 전학을 미룹니다.

요즘 밤에 잠을 못 잘 정도로 제가 힘드네요. 너무 자유롭게만 생활했던 아이가 잘 적응할 수 있을까 싶고, 학습과정을 너무 못 따라가서 좌절하진 않을까, 지금 너무 행복해하는데 굳이 전학시키는 게 맞는 건가 심정이 너무 복잡합니다. 제게 작은 조언이라도 해주시겠어요?

제가 생각하고 있는 중학교 말고도 시골 초등학교와 연계된 중학교가 있긴 있습니다. 이주할 지역의 초등학교 아이들은 졸업과 동시에 모두 그 중학교를 가고요. 문제는 너무 늦게 끝난다는 것입니다. 집에 오면 6시더라고요. 방과 후에 아무것도 하지 못하고 시간만 보낼 것 같은 불안함이 있어요. 그렇지만 아이가 원하는 대로 해야 하는지 걱정입니다.

> Magican 님
>
> 저희 아이들은 발도르프 학교를 다니다가, 공립학교로 옮겨간 경우입니다. 새로운 경험을 하고 싶다는 바람으로 아이들이 자발적으로 학교를 옮기고 싶어했어요. 큰아이는 중학교를 졸업하는 시점에, 둘째 아이는 초등6학년을 마치는 시점에 학교를 옮겼는데, 처음에는 둘 다 새로운 시스템에 적응하는 것을 힘들어했습니다.
>
> 그런데 1년 정도가 지나니 그동안 자유롭게 실컷 놀면서 쌓아온 체력과 도전정신 같은 것들이 살아나더라고요. 그동안 제가 한 일은 그저 느긋하게 마음을 먹고 기다려준 것뿐이었습니다. 부모가 불안, 걱정을 내려놓고 아이의 잠재력을 믿어주면, 아이들은 자기 안의 빛을 결국 찾아낸다고 생각합니다.

> **Re: 느긋하고 유연한 태도로
> 아이의 도전을 응원해주세요**

    작은 조언으로는 어렵겠는걸요? 중빈이는 본인 '스스로' 대안학교를 나오고 싶어했던 경우예요. "가족처럼 지냈던 친구들은 어쩔 거야?" 물었을 때, 호기롭게 대답했죠. "친구는 또 사귀면 돼!" 그럼에도 불구하고 그 적응과정(의 현실)을 지켜보는 부모 입장에서 애가 많이 탔죠. 그런데 만약 아이가 원치 않는 결정이라면…. 더구나 사춘기를 앞두고 있다면….

    물론, 유사 이래로 아이가 '하고 싶어하는 것'과 부모가 '(아이가) 해야 한다고 믿는 것' 사이에는 괴리가 있어왔습니다. 오래 산 부모는 넓게 멀리 보고, 아이는 현재 보이는 것만을 보기 때문이죠. 이 괴리를, (곧 사춘기를 겪을 아이 의사에 반해) 학교를 바꾸는 식으로 확인하게 될 때, 분명 갈등은 피할 수 없을 겁니다. 아이는 6년간 활발하게 어울려 놀았던 장점으로 다른 체제에 쓰윽 적응할 수도 있고, 반대로 전혀 다른 체제에 거부감을 나타내며 부적응 상황을 겪을 때마다 부모를 원망할 수도 있어요. 둘 중 어떤 상황일지는 닥쳐봐야 알겠지요? 그러므로,

*

첫째, 부모와 아이가 이 괴리의 지점에 대해 충분히 대화를 나눠야 합니다. 서로가 '합의'하여 결론을 '같이' 도출했다고 아이가 생각할 때까지요. 그것이 애초에 아이가 원하는 결론이 아니더라도 말입니다. 그래야만 자신의 (그리고 가족의) 결정에 책임을 질 것이고, 문제상황이 생길 때 회피하지 않으려는 의지를 다질 수가 있어요. 사춘기의 아이들은 특히나, 자기가 자초하지 않은 일에 대한 인내심이 매우 얄팍합니다.

학교를 바꾸는 이유, 대학 진학을 하고자 하는지, 그렇다면 어떤 노력을 해야 하는지, 실제로 다른 아이들은 어떻게 하고 있는지 (선배나 사촌의 경험담 혹은 캠프체험이 부모의 말보다 효과적일 겁니다) 관찰도 해보고, 감도 잡고서 학교를 바꿀 필요성을 '스스로' 느끼는 것이 좋습니다.

*

둘째, 잘못된 공부 습관이나 부족한 학업량은 3~4년 정도로 여유 시간을 두고 따라잡을 거라고 생각하세요. 한두 학기 성적표에 부모가 '깜놀'하면 안 됩니다. 지금부터 아이가 열심히 한다 해도 이미 저만치 앞섰던 아이들이 또 선행학습을 하기 때문입니다.

＊

　셋째, 대안학교 부모들의 오해 가운데 하나가 공부를 쉽게 생각한다는 것입니다. '그까짓 공부, 하려고 맘만 먹으면 언제라도 잘할 수 있다.' 그런데 현실이 그렇지 않죠. 시골 깡촌으로 전학을 간다면 모를까, 모든 아이들이 공부를 열심히 하는 환경으로 갈수록 그동안 소홀했던 부분은 확연히 드러납니다. 그러므로 환경을 바꾸는 부모는 우리 공교육의 최종 목표가 대학 입시임을 부정하지 마시고, 사교육에 대한 생각도 유연하게 바꾸는 편이 좋습니다. 주요 과목은 과외나 학원을 보낸다는 식으로요.

　(입시) 환경에 맞지 않는 부모의 (대안학교 때 지녔던) 소신 때문에 아이는 자신의 약점을 더 극대화하는 불리한 환경에 더 오래 놓일 수 있습니다. 적응 기간도 그만큼 오래 걸리죠. 게다가 과도하게 넘치는 사교육이 문제가 되는 것이지, 이 경우는 그동안 부족했던 부분을 보충하는 것이라고 봐야 합니다. 제 경우는 아이가 먼저 학교를 바꾸자고 고집했기에 제 스스로 생각을 바꿀 준비가 되어 있지 않았어요. 그래서 대안학교를 나오고도 3년 동안 사교육을 시키지 않았는데 돌이켜보면 그로 인한 아이와 부모 모두의 에너지 낭비가 꽤 있었습니다.

　지금은 많이 유연해져서 이와 비슷한 문제로 문의를 주시는 분들께 기왕이면 전학 전부터 수학이나 영어 등을 차근차근 준비시키라고 조언하곤 합니다. 어떻게 준비시키느냐? 처음 이유식을 시작할 때와 같습니다. 조금씩, 부드럽게. 아이가 '먹는 만큼'이 정량입니다. 아이가 멀미를 내지 않을 정도로만, 공부에 대한 호기심을 유지할 정도로만, 그러나 결석이나 농땡이는 허용하지 않는 일관성으로, 느리게 강도를 높여가면서 준비시키세요.

*

넷째, 대안학교를 나선 아이는 굉장히 창의적으로 행동합니다. 이게 상황에 맞으면 참 좋고, 그렇지 않을 땐 기가 막힐 때도 있죠. 예를 들어, 중빈이는 수학 문제에서 '시집 3권과 소설책 4권이 있다. 이중 책 한 권을 고른다면 몇 가지 방법이 있을 수 있나?' 묻는 질문에 "답은 네 가지. 왜냐면 시집은 책이 아니니까"라고 말했답니다. 언제 그랬냐고요? 무려 중2인 지난봄의 일이죠. '시는 책이 될 수 없다'가 본인의 생각이었어요. 끝까지 물러서지 않더군요.

이게 반드시 나쁘냐? 아닙니다. 중빈이는 영어 단어 하나를 놓고도 이게 왜 답이 될 수 없는가에 대해서 굴복하지 않고 몇십 분간 선생님과 토론을 벌이기도 합니다. 그럴 땐 굉장히 예리하고 설득력이 있죠. 그러므로 부모는 대안학교를 나선 아이의 창의적인 (때로는 돌출적인) 행동을, 대안교육으로부터 선사받은 최고의 선물로 받아들여야 합니다. 그것이 당장 시험에서 정답을 찾는 데 방해가 되더라도, 궁극적으로 아이 인생에 독창성을 부여할 것이라 믿으며 긍정적으로 수용하는 태도를 보여야 합니다.

절대 갑자기 '강남 엄마' 흉내내며 아이를 다그치면 안 됩니다. 3~4년 잡고, 느긋하게, 아이의 잠재력을 응원해주면서 언뜻 느리거나 뒤처진 듯 보이는 아이의 공부량, 공부 방식을 지켜봐야 합니다. 공부량은 하루아침에 늘어나지 않습니다. 공부 방식도 하루아침에 잡히지 않죠. 내 아이가 '토끼와 거북이' 동화에 나오는 거북이가 되었다고 생각하세요. '낮잠만 자지 않으면 된다' 정도로 생각하세요. 6년이나 뒤처진 무리에서 자신만의 독창성을 꽉 쥔 채, 고군분투하면서도 포기하지 않고, 결승점까지, 끝까지, 제 속도로 달리는 것을 대견하게 생각해주세요. 실제로 제가 본 대부분의 대안학교 졸업생들은 코피를 흘리면서도 끝까지 제 속도로 입시를 치러냈습니다.

*

마지막으로 엄마에 대한 위로이자 당부를 드립니다. 그곳을 나오는 순간, 그동안 청정 숲에서 살았다는 것을 알게 될 거예요. 밖에는 미세먼지투성이고, 신뢰와 양보 대신 불신과 경쟁이 있죠. 그동안 신념을 가지고 열심히 했던 모든 것이 결국 이 사회에서는 헛짓이었던가 싶은 날이 있을 거예요. 울고 싶은 날들이 많을 겁니다. 그런 날들엔 펑펑 우세요. 그리고 아이가 집으로 돌아오기 전, 세수하세요. 평생 숲에서만 살아갈 수 없는 게 현실이라면, 그곳을 나와서 겪는 것도 나쁘지 않습니다. 결국 (성인이 될 아이가) 피할 길도 없죠.

6학년까지면 많이 놀았어요. 그 건강함으로 (다른 아이들이 다소 체력소진이 될 상황에서도) 갓 태어난 생고무처럼 탱탱하게 버텨낼 겁니다. 거북이는 느리게 가지만, 숨을 헐떡거리지 않아요. 그래서 낮잠에 빠지거나 중도포기하지 않고 결승점까지 가죠. 그러니 남들이야 선행학습을 했든 말든 우리는 이번 학기에 여기까지만 가자 하고 작은 목표를 아이와 함께 정하세요. 그리고 그 작은 목표가 성취되거든 (그것이 반에서 하위권이라도) 학기말에 자축하세요. 벌써부터 근심걱정에 잠 못 이루지 마시고, 한 가지만 기억하세요. '거북이'에겐 '거북이 엄마'가 필요하다. 나는 '강남 엄마'가 아니라 '거북이 엄마'가 되어줄 것이다.

> **열네 번째 질문**
>
> 사춘기 아들과의 여행, 어떻게 준비하면 좋을까요?

안녕하세요. 중빈이 세 살, 저희 큰아들이 세 살 때부터 중3 올라가는 지금까지 블로그로 책으로 멀리서 함께 하는 엄마입니다. 작가님의 책을 보면서 여정과 감정을 공유했지만, 시간이 지남에 따라 아들과 저 사이는 이 시대 보통의 모자 사이가 되어버렸습니다. 작가님과 중빈이 사이 같은 모자 관계에 대한 꿈은 헛된 망상이 되어가고, 자꾸만 강퍅해져가는 내 모습과 미워지는 아들을 보며 이 땅을 벗어나 착하고 선한 사람들을 만나고 싶어졌어요. 그리고 마침내 결혼 15년 동안 눈치만 보며 망설이다가 얼마 전 언제나 검색만 하던 라오스행 비행기표를 끊었습니다. 아이들의 학원비를 모아서요.

중빈이가 갔던 라오스를 큰아들과 당시 중빈이 나이가 된 둘째 아들과 가보려고요. 그때의 라오스와 지금의 라오스가 다를 수 있다는 인터넷상의 많은 글을 보면서 여행을 살짝 망설인 순간도 있었습니다. 하지만 라오스가 현재 한참 자본주의화 되어가는 중이라면 앞으로보다는 그래도 지금 여행하는 편이 더 나을 수 있기에 여행을 과

감히 결심했네요.

당장 다음 주에 출발해서 현지 시간으로 밤에 도착합니다. 비행기표 외에는 아무런 준비도 되어 있지 않고요. 16년 동안 '방콕'이었던 저와 중3 올라가는 아들, 중빈이처럼 축구공을 가져가겠다는 둘째…. 우리 셋은 과연 어떻게 될까요?

게다가 전 남쪽을, 큰아들은 북쪽을 여행하길 원하네요. 비행기표는 끊었습니다만 다가오는 여행, 어떻게 준비해야 할지 막막합니다.

↳ **olivenpopeye 님**

> 우선 학원비로 비행기표 끊으신 것 정말 잘하신 거라고 박수쳐드리고 싶습니다. 늘 마음뿐이고 실제로 용기를 내기란 쉽지 않으니까요. 큰아들을 믿으세요. 아무리 엄마 나이의 1/3 정도밖에 안 살았어도 나름 10여 년의 세월을 살아왔으니 나름의 가치와 기준이 있을 겁니다.
>
> 거기에 젊은이만이 가질 수 있는 반짝거리는 영감, 오히려 엄마보다 풍부할 수 있습니다. 엄마 입장에서는 아들이 원하는 목적지며 여행의 방식이며 모두 맘에 안 들 수도 있지만, 그 선택을 통해서도 아이는 배우는 게 다 있더라고요. 제 경험상 스스로 선택하고 계획하고 실행하는 과정에서 얻은 자신감은 아이를 부쩍 성장하게 만들어주는 것 같습니다. 생각하신 바를 실천하신다는 점에서 너무 부럽고, 제 삶도 반성하게 됩니다. 부디 행복한 여행 되세요!

> Re:
> ## 아들을 믿고 여행의 전권을 맡겨보세요

북쪽으로 가셔야죠! 아들 하자는 대로 하세요. 아들에게 주도권을 주세요. 이 땅에서 중3 아들과 엄마 사이, 안 봐도 훤합니다. 바지런히 현실을 볼 줄 아는 엄마는 아들을 '할 일'로 끌어당기느라, 만사 귀찮고 목표가 분명치 않은 아들은 '할 일'에 마지못해 응하느라 관계는 아작, 바스러져 있는 경우가 대부분이죠.

그런 의미에서 엄마는 '휴식의 기회를 질렀다'는 것에 모든 의미를 두세요. 이제부터 엄마는 정말 쉬는 겁니다. 역할을 바꾸세요. 그동안 아들이 했던 역할을 하는 겁니다. 먹자면 "어디서?" 하며 따라가시고, 어디 가자면 "거긴 뭐 있는데?" 게으르게 물어보세요. 아들에게 답하게 하는 겁니다. 그리고 나면 (생각 없이) 아들의 답변대로 하세요. 둘째만 돌보세요. 그렇게 이제부터 아들은 주도적이 되는 겁니다. "뭐든 네 맘대로 해라. 네가 인솔자다. 법에 저촉되는 것만 아니면 모든 것이 네 손 안에 허용되어 있다"라고 말해주세요. 직접 계획하고, 준비하고, 실행하게 하세요.

처음엔 잘 되지 않을 겁니다. 그래서 시간도, 비용도 아까울 겁니다. 그러나 참습니다. 한 번쯤 아이에게 주인공이 되는 기쁨과 책임감을 선사하는 겁니다. 자신이 무엇을, 얼마만큼 해낼 수 있는 사람인지 알아낼 기회를 주는 겁니다. 엄마가 전적으로 자신에게 의지하고 자신을 믿는 존재일 수도 있다는 걸 느끼게 하는 겁니다. 아들이 지도를 들고 복장 터지게 시간을 끌거든, 이 숙소를 갈지 저 숙소를 갈지 결정 못하고 골목을 헤매거든, 엄마는 그냥 멍 때리세요.

어차피 '욕망이 멈추는 곳, 라오스'에선 그게 최고의 자세입니다. 재촉하지 마세요. 본전 생각하지 마세요. 평소 하던 모든 것을 하지 말고 쉬세요. 근처 나무 그늘에 앉아 '그 순간'을 쉬세요. 얼마나 좋습니까? 얼마나 많은 순간, 사춘기 자녀를 둔 엄마는 모든 것을 내려놓고 그렇게 나무 그늘에 앉아 그저 쉬고 싶었던가요? 쉬면서, "합죽이가 됩시다. 합!" 하고 지도 읽기에 서투른 아들에게 잔소리하지 않으면서, 지나가는 사람들을 구경하세요. 착하디 착한 동네 아이들과 시간을 보내세요. '내가 바로 이걸 보러 여기까지 왔지'라고 생각하세요.

그리고 나서 아들이 해낸 모든 선택과 결과에 대해서는 "엄마는 아주 만족스럽다"라고 해주세요. "엄마라면 이렇게 해내지 못했을 거야"라고 해주세요. 사춘기의 아이는 자신이 결코 부모의 기대에 차지 않는 존재임을 너무나 자주, 시시각각 확인받는데 지쳐 있기 때문입니다. 아들은 점차 자신감을 되찾고, 자신의 가능성을 알아보며, 무거운 가방 같은 건 '사나이'로서 당연히 먼저 짊어지며 엄마의 고된 마음도 공유하게 됩니다. (이것은 '소년 중빈'과 한 달 간 '중빈 주도적'인 여행을 한 뒤에 제가 얻은 소득이기도 합니다.)

지구상의 착한 사람들 숫자가 줄고 라오스 역시 점점 자본주의화되고 있다고 하지만, 자본주의의 정점에 있는 이곳에 비하면 아직도 천사들을 쉽게 찾아내실 수 있을 겁니다. 그 걱정은 하지 마세요. 가능하면 돈에 찌든 도시를 떠나 천사가 있는 깊숙한 곳으로 찾아 들어가기만 하면 됩니다. 잘 지르셨어요. 두 달 동안 심드렁히 학원에 앉아 뭘 그렇게 많이 배우겠어요? 큰아드님은 엄마와 동생과 함께 한 이 특별한 추억을 평생 두고두고 이야기하게 될 겁니다.

> Re:Re:

라오스에서 온 편지

안녕하세요. 지난번에 고민글을 썼던, 현재 두 아들과 라오스 여행 중인 엄마입니다. 무언가에 홀린 듯 갑자기 여행을 결정하고 얼마나 걱정이 많았던지요. 그러다가 여행 떠나기 전 우연히 다시 들어간 블로그를 보고, 깜짝 놀랐습니다. 그리고 이어 발견한 답글은 한마디로 '유레카'였습니다. 숨도 쉴 수 없게 나를 짓누르던 거대한 바윗덩이가 비눗방울로 변해 사라지는 느낌이었습니다. 누군가가 내 말을 주의 깊게 들어주고, 진심으로 공감해주는 것에 대한 기쁨과 행복을 느꼈습니다. 우리 아이들도 저로부터 이런 행복을 바란 건 아닐까 하는 생각도 했습니다.

그런데 제가 얼마나 쉽게 중심이 흔들리는 사람이었는지, 수학학원에서 걸려온 전화에 와르르 그 마음이 무너졌습니다. 원장 선생님은 "어머님 어쩌시려고 그러세요. 겨울방학이 얼마나 중요한데요. 다른 애들은 지금…. 문제집이라도 가져 가서서 시간 날 때마다 풀게 하세요" 하시더군요.

그날 저녁, 전 큰아들에게 원장 선생님에게 받은 두려움을 그대로 전달하며 문제집을 가져 가자 말했고, 미친 듯이 후회했습니다. 그게 싫어서 그렇게 멀리 가려고 하면서, 거기까지 그걸 끌고 가려고 했다니…. 그래서 다시 마음을 다잡으려고 작가님의 답글을 열었습니다. 그러다가 답글 밑에 쓰인 댓글들도 보게 됐습니다.

그리고 다시 한 번 놀랐습니다. 너무 많은 분들이 잘한 일이라며 말해주셔서요. 그냥 너무 지치고 답답해서, 나 살자고 결정하고도 잘한 일인가 싶었는데, 응원해주시는 댓글들을 보니 지금 아이들과 제 인생의 무언가 대단한 터닝포인트를 앞두고 있다는 생각이 듭니다. 여행하는 동안 제가 어리석지 않기를 소망하며 많은 힘을 받습니다. 조언해주신 말씀들을 날개 삼아 열심히 날갯짓해보겠습니다. 감사합니다.

Part 3

자식이라는 타인과의 낯선 동행

열다섯 번째 질문
엄마가 출근할 때마다 우는 아이, 어떻게 달래줘야 할까요?

얼마 전 새로운 베이비시터 할머님이 오셨고, 이제 3주째 접어들었어요. 직장이 집에서 걸어서 10분 거리인 터라 점심시간에는 늘 집에 들러 밥을 먹고 아이와 놀다가 1시경에 다시 회사에 갑니다. 조금만 부지런을 떨면 일하던 중간에 아이와 30~40분을 볼 수 있는 상황이니 복인 거죠.

그런데 아이가 28개월이 되어 웬만큼 의사 표시를 할 수 있게 되니, 본인도 주양육자가 바뀐 환경에 적응하느라 많이 힘들다는 표현을 하더라고요. 지난주부터는 점심시간에 집에 가면 저를 쳐다보지 않고, 일부러 외면합니다. 곁에 가려고 하면 "엄마 가! 가까이 오지 마!" 그러고요. 퇴근해서도 한 2시간가량을 그러다가 나중에야 제가 안는 것을 허락해주곤 해요.

그러면 저는 "우리 아가가 엄마 회사 가서 속상했구나. 엄마도 우리 아가 너무 보고 싶었는데, 아가가 그러니 엄마도 서운하네" 이런 식으로 쫓아다니며 달래곤 한답니다. 출근할 때나 점심시간에 헤어질 때 역시 "너무 보고 싶을 테니 뽀뽀 100번 하고 힘낼까?" 하며 새끼손가락 걸고 '약속, 도장, 복사, 팩스'까지 하고 헤어지고요.

아이가 이제 자신이 처한 상황을 이해할 때인 것 같은데, 엄마가 왜 회사에 가야만 하는지, 일하는 엄마라는 게 무엇인지 어떻게 설명해줘야 할까요? 아이는 그냥 회사 가지 말고, 집에서 하루 종일 같이 있자는 신호를 보내는데 뭐라고 해야 할까요? 앞으로 몇 년 동안은 매일같이 이런 헤어짐으로 눈물지어야 할 텐데…. 어떻게 대처해야 할지 혼란스럽습니다.

↳ **우리유나 님**

큰아이 키울 때는 워킹맘이었고, 여섯 살 터울인 둘째는 전업맘으로 키웠습니다. 두 아이를 모두 돌보기 위한 최선의 방법을 찾다 보니 결국은 제가 직장을 그만두었어요. 워킹맘, 전업맘 둘 다 해보니 어느 하나 100퍼센트 만족할 수 없더군요. 워킹맘일 때는 아이에게 온전히 신경 써주지 못해 마음이 아팠고, 전업맘일 때는 제 자신이 자꾸 초라해지는 것 같아 마음이 편치 않더라고요.

결국은 삶의 중심을 어디에 두고 선택을 하느냐의 문제인 것 같습니다. 어떤 선택이 맞는지는 본인만이 알고 있다고 생각해요. 워킹맘이라고 해서 아이에게 죄책감을 갖지 마세요. 전업맘이라고 해서 아이를 더 잘 키운다는 보장은 없으니까요. 지금은 아직 아이가 어리니까 많이 안아주고, 짧은 시간이라도 정성을 다해 놀아주는 수밖에요. 일하면서 키운 큰아이는 지금 초등3학년인데 학교생활도 교우관계도 원만한 아이로 해맑게 잘 커가고 있답니다.

⮡ **율무 님**

저는 아이 앞에서 엄마가 회사에 가서 미안하다는 말, 엄마도 아이와 헤어져 있는 것이 마음 아프다는 말이나 내색을 하지 않았어요. 너는 집에서 잘 놀고 어린이집에 가는 것이 할 일이고, 엄마는 회사에 가는 것이 할 일이야, 열심히 서로의 할 일을 하고 다시 만나자며 담담하고 당연하게 말해주었는데, 다행히 아이도 그 말을 자연스럽게 잘 받아들여주었습니다.

대신 집에 늦게 오는 날, 정시퇴근 하고 일찍 오는 날을 미리 알려주고, 회사에서 업무 일정을 잡듯이 달력에 미리 적어놓아 아이와의 약속을 지키려고 노력했어요. 오히려 유치원생이 된 지금은 "누구 엄마는 월요일, 수요일, 목요일만 일한대" 하고 은근히 저에게 말해 오는데, 저는 여전히 담담하게 "그렇구나. 엄마들마다 하는 일도 다르고, 일하는 시간도 달라. 엄마가 하는 일은 매일 회사에 가야 하는 일이야"라고 대답해줍니다.

아이의 성격에 따라, 엄마의 직업이나 업무 환경에 따라 상황이 각각 다르니 한 가지 정답은 없다고 생각하지만, 제가 처한 상황을 담담하게 받아들이고 설명해주었던 것이 저에게는 잘 맞았던 것 같아요.

⮡ **연수 님**

스물한 살 사범대생이에요. 저는 쌍둥이에 4살 터울의 막내 여동생까지 있는데 부모님이 지금도 맞벌이를 하세요. 그래서 어릴 때는 엄마가 퇴근하실 때까지 학원을 전전했고, 할머니 할아버지 댁에서 부모님을 기다리기도 했어요.

대학 입학 후 독립해서 몇 개월 사는 동안 부모님이 가정을 지켜내신 게 참 감사하다는 생각이 들었습니다. 자식들 돌보랴, 일하랴 분주한 삶 가운데에 두 분이 한 가정을 건강하게 잘 유지해오신 게 참 힘든 일이셨을 거란 사실을 이제야 조금 알겠더라고요. 대학교에 입학한 뒤로 요즘은 부쩍 엄마와 사회생활이나 인간관계에 대해서 이야기를 많이 나누는데요. 부모님의 부재가 어린 시절 저의 애착형성에 어느 정도 영향을 미쳤을 수도 있겠지만, 지금은 일하는 엄마를 보면서 저도 저의 역할을 잘 해내야겠다는 생각이 들어요.

> Re: **엄마가 먼저 의연하게
> 일과 집을 오가는 리듬을 받아들이세요**

혼란스러운 마음, 충분히 이해합니다. 점심시간에도 아이를 돌보는 등 지금 아주 열심히 잘하고 계시다는 말씀도 드리고 싶네요. 하지만 질문에 답변은 조금 냉정하게 드려야겠습니다. 아기는 지금 엄마의 상황을 이해할 수 없습니다. '싫은 것'을 받아들일 수 있는 나이는 더더욱 아니고요. 앞으로도 한참 더 그럴 겁니다. 아기에게 이상적인 엄마는 곁에 함께 있어주는 엄마입니다. 워킹맘이라는 입장은 아기 입장에서 본다면 최선이 아닌 차선이죠.

그러므로 엄마는 경력단절을 피해, 혹은 일에 대한 사랑으로 (아이에게는) 차선을 선택한 것임을 받아들이셔야 합니다. 100퍼센트 아이의 정서를 만족시키면서 워킹맘이 될 수 없다는 현실을 받아들이셔야 하죠. 물론 전업맘과 워킹맘 가운데 누가 엄마로서 더 많은 행복을 누리는가는 천편일률적으로 말할 수 없고, 개별적으로 각기 다를 것입니다.

그러나 보편적으로 20년의 육아 기간 가운데 전업맘의 행복은 아이가 어릴 때 좀 더 많이 있습니다. 워킹맘의 행복은 아이가 컸을 때 좀 더 많이 있지요. 이 나라에서는 일부의 특수한 직업군을 제외하고 여성이 일과 육아를 둘 다 '만족스럽게' 병행할 수 없으니, 먼저 엄마가 의연하게 일과 집을 오가는 리듬을 받아들이세요. 지금처럼 함께 있는 시간엔 최선을 다해 사랑해주시고, 일터로 떠날 때에는 "엄마 일 열심히 하고 올게. ○○도 오늘 하루 재미나게 보내"라고 씩씩하고 당당하게 말해주세요. 그러면 아기도 결국 포기할 부분은 포기하고 이 리듬에 익숙해질 겁니다. 시간이 많이 흐른 뒤, 엄마의 선택을 이해하고 응원할 날도 올 거고요.

열여섯 번째 질문

둘째, 꼭 낳아야만 하는 건가요?

둘째를 가져야만 하는지 고민입니다. 저에게는 지금 다섯 살짜리 딸아이가 하나 있어요. 작년까지는 한 명만 낳아서 친구처럼 다니는 게 보기 좋아서 저희 부부의 가족계획은 딸아이 하나였죠. 무엇보다 육아가 너무 힘들기도 했고, 어차피 다 가질 수 없는 인생, 형제는 못 만들어줘도 내가 친구 같은 엄마가 되자, 우리 세 가족 행복하게 살자 하는 생각뿐이었어요.

그런데 올해부터 유난히 둘째를 가지고 싶더라고요. 이유는 잘 모르겠어요. 주변에 둘째를 낳은 친구들이 많아서 그럴 수도 있고, 막상 첫째가 다섯 살이 되니 혹시 아이를 또 갖게 되면 터울이 크게 질까 조바심이 나서 그러는지도 모르겠어요. 둘째가 있으면 내 삶이 어떨까 하는 생각을 수시로 하는 요즘입니다.

하지만 저에게는 핑곗거리가 너무 많네요. 저는 연봉이나 사람들과의 관계에 불만 없이 나름의 성취감을 느끼면서 일하는 워킹맘인데, 시터 이모님이 바뀌거나 아이가 아프거나 할 때는 너무 힘들지만, 아이가 다섯 살이 되니 작년부터는 어느 정도 삶이 안정되었다고 느끼고 있어요.

첫째를 멋모르고 낳고 나서 복직한 후 1년은 제 생애에서 제일 힘든 기간이었어요. 결혼과 출산 전에는 매일같이 야근과 회식을 감당하며 남자 직원들 못지않게 일했지만 아이를 낳고 난 뒤로는 육아를 위해 정시퇴근을 해야만 했죠. 대신 새벽 근무와 주말 근무를 해서 업무에 차질을 빚지 않고 안정적으로 해낸다고 인정받기 위해서 노력했죠. 그런 노력 덕분에 작년 하반기에 파트장이 되었고요. 그런데 회사 상황이 안 좋아지면서 3년 동안 꾸준히 구조조정을 해왔는데, 특히 임산부에게 구조조정을 권하는 분위기예요. 제가 둘째를 낳으러 들어가게 되면 회사에서 퇴직을 권할 수도 있겠죠.

마지막으로 이런 모든 상황을 알고 있는 저희 남편은 둘째를 절대 원하지 않아요. 남편이 둘째를 원하지 않는 이유는 제가 회사도 일도 너무 좋아해서 육아 때문에 일을 그만두면 그에 대한 원망을 모두에게 할 것 같기 때문이래요. 첫째 낳고 네가 얼마나 힘들었는지 잊었냐고 하네요.

또 남편은 둘째를 낳으면 경제적인 부담감 때문에 자신이 평생을 소처럼 일해야 할 텐데 그러면 도대체 자기 인생은 어찌 되는 거냐고 합니다. 지금도 남편은 과업에 시달리거든요. 가끔 제가 살림 도와주지 않는 걸로 화를 내면 물리적으로 시간이 안 되는데 어떻게 하냐고 받아치죠.

이제는 어느 정도 가정과 일 사이의 균형을 맞춘 것 같은데, 왜 저는 또 둘째를 만들어서 삶을 흔들려고 하는 걸까요?

↳ **샤샤 님**

어머나, 제가 쓴 글이 아닌가 싶을 정도로 비슷한 상황에 깜짝 놀랐습니다. 저희 딸은 일곱 살이고 제가 하는 일이 시간제 근무가 가능한 직업이라 일과 육아를 병행하며 여기까지 왔네요. 2년 정도 둘째 문제로 고민과 갈등을 했었는데요, 신랑은 고민글 주신 분의 남편 분처럼 하나만 잘 키우자는 주장이 강했습니다. 양가 부모님의 도움을 받기 힘든 상황에서 일과 육아 모두 해내는 게 참 힘들었거든요.

솔직히 전 둘째를 낳아 키울 자신이 없더라고요. 무엇보다 제 자신의 상황과 마음에 솔직해지니 의외로 둘째에 대한 미련을 접는 게 쉬웠습니다. 어떤 마음을 선택하시든 응원합니다!

↳ **dacu21 님**

당연히 둘째를 낳아야 한다고 생각해서 낳았고, 낳고 나서는 생각했던 것보다 훨씬 힘들었습니다. 둘째를 여섯 해 키우고 난 지금 조심스레 드릴 수 있는 말은 다른 사람들에게 묻지 않으셨으면 해요. 왜냐하면, 결국 내가 키울 것이거든요. 주변 사람들의 조언들, 도움이 되긴 합니다. 그러나 막상 낳아서 키울 때는 그 조언들이 아무 소용없어요. 결국 내가 젖 먹이고, 안아주고, 밥해 먹이고, 기저귀 갈아주며 키워야 하는 것이더라고요.

그러므로 자신의 마음의 소리에 귀를 기울이셨으면 해요. 아이를 낳아야 할 이유가 천 가지이듯, 낳지 못하는 이유도 천 가지입니다. '낳으면 어떻게든 큰다'는 말도 진실이고요. 그럼에도 그 아이를 잘 키우기 위해 엄마가 고스란히 희생해야 하는 것도 진실이더라고요.

> 세상살이에 답이 없듯이, 아이를 키우는 것도 마찬가지라고 생각합니다. 내가 결정하고, 그 결정에 책임을 지는 것 그 이상은 없는 것 같습니다.

> Re:
삶의 우선순위를 점검하세요

　제가 가장 자주 받는 질문 중 하나가 이걸 겁니다. "여행을 가려 하는데, 어디로 가면 좋을까요?" 그러면 저는 반문합니다. "어떤 여행을 하고 싶으신데요?" 여행을 떠나려 하는 데에는 나름의 이유가 있을 겁니다. 너무 심신이 지쳐 휴식이 필요하다거나, 일상에 닳아버려 문화적 세례가 필요하다거나, 우리와 다르게 사는 사람들을 구경하고 싶다거나, 멀어져버린 가족 간의 화합을 도모한다거나…. 그 이유, 즉 마음의 간절한 목소리에 집중해야 합니다. 그것을 정중앙에 놓으면 나머지는 그것에 준해 정렬되죠. 장소도, 일정도, 멤버도요. 버릴 것과 버릴 수 없는 것이 선명해집니다.

　여행뿐이겠습니까? 실은 세상사의 많은 부분들이 그러하죠. 여러 겹의 요소들이 뒤엉켜 있어서 복잡해 보이지만, 내가 정중앙에 중심추를 무엇으로 두느냐에 따라 우수수 떨어져나가는 것들이 생깁니다. 저는 둘째 문제도 그렇게 읽었습니다. 기존에 문제가 있었다면 둘째가 태어난다고 해서 해결되는 건 없을 겁니다. 아기들은 문제를 해결하러 나타나기보다 문제를 부각시키러 나타나죠.

하지만 이전에 컸던 문제가 사소해 보일 만큼 부모의 혼을 쏙 빼놓는 것 또한 아기들의 역할입니다. 그러므로 앞으로 발생할 문제를 미리 계산기로 두드리는 것은 별 의미가 없습니다. 이런 이유로 낳아야 하고, 저런 이유로 낳지 말아야 할 겁니다. 여기서 '이런'과 '저런'은 집집마다 다를 것이고, 심지어 한 집에서도 생의 시기마다 달라질 겁니다.

중심추에 대해서만 논의하세요. 자신과, 남편과, 첫째와 정중앙에 놓을 것에 대해 합의를 볼 수 있도록 자문과 대화를 거듭하세요. 나머지는 그것에 준하여 우선순위가 매겨질 것이고, 매겨져야 합니다. 높은 순위의 문제들은 중심추를 위해 재정비되어야 합니다. 낮은 순위의 문제들은 들이닥칠 때 조율하면 됩니다. 미리 걱정할 대상이 아닙니다.

삶은 결정과 책임의 연속입니다. 특히나 아이는 20년짜리 행복이자 20년짜리 책임이죠. 서두를 것 없어요. 수개월간 자문과 대화를 지속하세요. 나는 어떤 것 없이 살 수 없는 사람인지, 어떤 것은 없어도 살 수 있는 사람인지, 남편과 내가 함께 하고자 했던 삶의 이상향은 어디였는지, 첫아이를 데려올 때 보여주고자 했던 세상은 어떤 것이었는지, 우리 가족이 지금 몸을 담그고 있는 강물은 그리로 흘러가고 있는지, 아니 이제부터는 새로운 지점으로 흘러가보고 싶은지…. 보석 같은 중간 점검이 이루어질 겁니다. 그리고 둘째를 낳든 안 낳든, 이 점검은 반드시 가족을 더 나은 곳으로 인도할 거고요.

열일곱 번째 질문

유치원 등원을 거부하는 아이, 어떻게 해야 할까요?

네 살 터울 남매를 키우고 있는 엄마입니다. 2주 전쯤부터 아침마다 일곱 살 둘째 딸아이와 등원 실랑이를 벌이는 상황이 반복됩니다. 감기 때문에 하루 결석을 하고 등원하던 날부터 그러더라고요.

지난주에는 학교 앞에서 교통지도를 해주시던 경찰 아저씨가 전화도 하셨어요. 아이가 유치원 가기 싫다고 울고 있다고 말씀하시더라고요. 마침 지나가던 같은 반 아이 엄마가 딸애를 집 앞까지 데려다주었고, 아이는 저와 한 시간쯤 이야기를 나눈 뒤에야 유치원에 갔습니다.

유치원에 가기 싫다고 할 때마다 가지 말라고 하면 습관이 될 것 같아서 눈물이 그렁그렁한 아이를 일단 원으로 밀어넣고 오긴 하는데, 이게 잘 하는 짓인지 모르겠어요.

처음엔 놀이시간이 좋다던 아이가 지금은 그 시간이 지나서 등원하고 싶다고도 해서 (공부시간이 더 좋대요) 친구 문제인가 싶어 선생님께도 여쭤보니 선생님은 아이가 친구들과 잘 지낸다고 말씀하십니다. 유치원 끝나고 운동장에서 여럿이 어울려 노는 모습을 제가 유심히 본 바로도 잘 어울려 놀더라고요. 그런 모습을 보면서 하원 때는 저 역시 아침의 실랑이는 마음에서 떠나보내고, '엄마랑 떨어지기 싫어서 그런 거였구나' 안심하지만, 다음날 아침이 되면 다시 난리가 납니다.

아이가 그전부터 쭉 그래왔으면 성향이 그런가 보구나 하겠는데, 전에는 전혀 그렇지 않아서 더 당황스럽습니다. 내년이면 초등 입학인 일곱 살에 이런 문제로 고민하게 될 줄은 몰랐기에 뒤통수를 한 대 얻어맞은 기분입니다. 2주가 되도록 같은 상황이 계속되니 더 이상 뭘 어떻게 해줘야 좋을지 모르겠어요.

제 탓으로까지 생각이 미쳐서, 내성적이고 친구 사귀는 걸 어려워하는 편인 저를 닮아 그러나 싶기도 합니다. 제가 직장을 다니다가 2년 전쯤 그만두긴 했지만 집에서도 짬짬이 일을 해왔는데, 아이에게 엄마의 자리가 충족이 덜 되어서 그러나 싶기도 하고요. 육아를 처음 시작하는 기분인데 어쩌면 좋을까요?

> **샤론의꽃 님**
>
> 일곱 살이라면 어느 정도 자기 생각을 알고 말할 수 있을 것 같은데, 2주 동안이나 아침마다 울며 등원한다면 심리적으로 불편함을 느끼는 것 같아요. 적응에 어려움을 겪는 것은 아닐는지요. 자녀 분을 많이 안아주시고요. 좀 더 세심하게 살펴주세요.
> **엄마에게 하는 말들에 대해서 귀 기울여 들어주고 공감**

은 하되, 유치원을 왜 가야 하는지, 유치원 안에서 즐거운 것과 어려운 것은 무엇인지 등에 대해 대화로 잘 풀어가시면서 아이가 즐겁게 유치원을 다닐 수 있도록 엄마가 도와줄 방법을 찾으셔야 할 것 같아요.

단순히 또래와 어울리는 것에 대한 어려움이 있다면, 유치원 선생님과도 상의해서 아이를 좀 더 잘 살펴봐달라고 부탁도 드리고, 친한 엄마들과도 정기적으로 모임이나 만남을 가지셔야 할 것 같아요.

아이 키우는 게 쉽지 않은 것 같아도 아이들은 부모의 걱정보다 잘 자라니 너무 걱정 마시고 힘내세요.

↳ 레몬샤워 님

일곱 살쯤 되면 또래 관계에 문제가 생길 수 있어요. 자기주장이 강해지기 때문에 말싸움도 제법 하고 여섯 살 때와는 다른 풍경이더라고요. 1년 차이인데도요. 거기서 분명 우위에 서는 아이가 있고 좀 밀리는 아이도 있고 그렇겠죠.

저희 아이도 일곱 살이 되니 친구들과 노는 것보다 수업이 좋다고 해요. 또래들끼리 놀다 보면 친구로부터 속상한 말을 듣곤 하는데 수업시간엔 그렇지 않으니까요. 가만히 지켜보니 저희 아이는 또래 관계 문제를 혼자 견디고 있더라고요.

아이가 자기 마음을 잘 표현할 수 있게 지지해주시고 정 힘든 날은 엄마가 집에 계시니 쉬게 해주셔도 좋을 것 같아요.

↳ pinksnao 님

놀이시간은 싫고, 공부시간이 좋다고 한다면 아이가 분명히 또래 관계에 어려움을 느끼는 것 같습니다. 공부시간은 선생님께서 주도하시는 시간이라 아이들이 모두 다 같이 대등하게 참여하니까요. 저라면 유치원을 옮기거나, 유치원을 다니지 않는 선택에 대해서도 더 고민해볼 것 같습니다. 소외감을 견뎌내고 관계를 개선시키는 일은 어른에게도 어려운 일입니다.

아이가 친구들에게 잘 보이기 위해 일부러 애써야 할 거고, 친구들의 반응에 일희일비할 수 있습니다. 물론 그 과정에서 배우는 바도 있겠지만, 아직은 어린아이에게 큰 짐이 되지 않을까요?

> Re:
엄마의 일관된 태도가 제일 중요합니다

아이가 등원을 거부할 때, 엄마는 먼저 왕따라든지, 체벌이라든지, 아이에게 위해를 가하는 요인은 없는지 주변을 면밀히 살펴보아야 합니다. 그런데 고민글을 주신 분의 경우처럼 딱히 문제가 될 만한 것이 '없어' 보인다면, 유인책을 동원해서 한두 번 더 등원시키는 것은 중요하지 않습니다. 대신 엄마의 교육관과 연결된, 장기적인 태도가 중요해지죠. 예를 들면 두 가지 태도가 있을 수 있습니다.

엄마 A '어차피 사회생활이 시작된 거, 책임감을 키워야 한다'고 생각하고, 아이가 울고불고해도 마음을 굳게 먹고 매일 등원시켜 아이를 적응시킵니다.

엄마 B '어차피 학교 다니면 고생길 시작인 거, 마지막으로 하고 싶은 대로 해'라고 생각하고, 아이가 심심해져서 스스로 다시 가고 싶다고 할 때까지 쉬게 합니다.

어느 쪽이든, 핵심은 엄마가 자신의 태도에 대한 일관성과 믿음을 지녀야 한다는 것입니다. A의 자녀라고 해서 미래에 반드시 책임감이 강하고 사회성이 좋은 아이로 클 것이냐 하면, 장담할 수는 없습니다. 억지 단체생활이 싫어서 더 자기 안으로 파고들 수도 있죠.

B의 자녀라고 해서 게으른 베짱이로 자랄 것이냐 하면, 역시 알 수 없는 일입니다. 자신의 의사가 엄마로부터 존중받는다는 걸 알아서 오히려 주도적인 성향을 키울 수도 있어요.

그러므로 엄마는 자신의 교육 철학에 입각하여 먼저 태도의 일관성을 지녀야 하며, 이때에 자신이 선택한 것의 역효과를 '미리' 염려하고 아이의 반응 하나하나에 (그것이 나타나는가를 살피며) 조바심 내지 않는 것이 중요합니다. 아이는 엄마의 분명한 태도로부터, 자신에게 주어진 선택지가 어떤 것인지를 자각합니다.

'나는 죽으나 사나 가야 하는구나.' 혹은 '나는 원할 때 쉴 수 있어.' 이러한 자각을 기반으로 다음 행동, 즉 적응으로 옮겨가죠. 방향을 주는 것은 엄마의 몫이고, 거기서 어떤 식으로 적응할 것인가를 선택하는 것은 아이의 몫입니다. 엄마는 자신이 살아온 경험, 지식, 연장자의 조언 등을 기반으로 장기적인 안목에서 교육 방향을 만들어 놓는 것이 좋습니다. 내가 살아보니 책임감은 참 중요하더라, 혹은 내가 살아보니 쉬고 싶을 때 쉬는 것도 능력이더라 등 장기적인 안목의 방향성이 잡히면 하루하루 변덕스러운 아이의 반응에 일희일비하지 않고, 20년 장기 육아 기간 동안 효과적으로 아이의 적응을 도울 수 있습니다.

열여덟 번째 질문

소극적이고 여성적인 아들, 축구라도 시켜볼까요?

여섯 살 아들이 대근육 발달이 늦은 편이고 부끄럼을 많이 탑니다. 덩치는 큰데 운동을 못하니 친구들이랑 놀 때 위축되는 것 같고, 남들 다 하는 걸(높은 곳에서 점프하기 등) 못하니까 제가 보기에도 좀 안쓰럽네요. "너도 한번 해봐" 하면 "시시해"라고 말하는데 엄마인 저는 알죠. 못해서 외면한다는 걸…. 성격도 좀 내성적이라 유치원에서도 남자아이들보다는 여자아이들이랑 잘 어울려 논다고도 합니다.

얼마 전에 어떤 책에서 봤는데 남자아이 중에서도 아기 때부터 예민하고, 언어능력이 뛰어나고, 겁이 많은 등 약간 여성스러운 특성을 가진 아이들은 어려서부터 그런 특성을 누그러뜨리도록 부모가 노력해야 한다고 하더라고요. 특히 운동은 억지로라도 시키는 게 좋다고 하고요. 이런 아이들은 자라면서 또래 집단 속에서 적응하지 못할 가능성이 점점 커지니 어려서부터 남자들의 세계에 적응시켜야 한다는 식의 내용이었어요. 그걸 보니 그동안 '싫으면 안 해도 돼' 식으로 키웠던 제가 잘못한 거 같기도 합니다.

사실 둘째를 임신했을 때부터 산후조리할 때까지 제 몸 상태도 마땅치 않고, 많이 아프기도 해서 바깥놀이를 많이 못해줬어요. 지금 생각하면 아이가 그때 열심히 놀이터에서 위험한 행동도 해보고 친구들 하는 것도 보았더라면 이렇게까지 대근육 발달이 늦진 않았을 것 같아요. 이제 곧 일곱 살도 되니 태권도나 축구를 시켜볼까 싶은데 애는 싫다고 해요. 남편과 저도 아이와 비슷한 성격이라 주말에 공차기 같은 걸 하거나 화끈하게 몸으로 놀아주고 하는 게 없습니다. 그래도 아이는 운동을 시켜보고 싶은데 어떨까요?

↳ 푸쉬카르 님

> 아이 나이도 같고 제가 하고 있는 고민과 너무 비슷하네요. 아이가 단순히 성향만 그러하면 문제가 없겠지만, 그로 인해 친구들에게 만만히 보여 때려도 맞고 있으니 저는 참 많이 속상했습니다. 그래서 억지로 태권도를 일주일 정도 보냈지만 아이가 울면서 안 간다고 해서 그것도 관두었네요. 우리 아이 성향만 보고 소신대로 가자고 해도, 친구들이 만만하게 보니 저 역시 고민이 큽니다.

↳ hidclipe 님

> 우리 아들 역시 비슷했습니다. 지금은 열 살인데 덩치도 있어서 뛰는 폼새가 좀 무겁습니다. 그런데 신기하게도 지난 가을 무렵부터 축구가 재미있다며 뛰어다닙니다. 격투기를 비롯한 모든 운동에 관심이 없던 녀석이었거든요. 말하기 좋아하고, 이야기 만드는 걸 좋아하던 아들도 자기

스타일로, 자기 속도대로 크는 중이었나 봅니다.

　친구들과 갈등 상황이 생기면 무조건 양보하고 잘 대처하지 못했는데, 이제는 그것 역시 자기 방식대로 대응하기 시작하더군요. 전 아이가 크는 내내 걱정만 했던 것 같은데, 지나고 보니 있는 그대로의 모습을 믿어주고, 지켜보는 편이 엄마에게도, 아이에게도 나은 것 같습니다. 저희 아들 여섯 살 때가 생각나 적어보았네요. 너무 걱정마세요. 잘 클 겁니다.

구름아래풍경 님

　'남자애들은 이렇게 커야 한다', '공부는 못하더라도 운동은 잘해서 친구라도 많아야 한다'는 고정관념에 사로잡혀 있던 저는 아이를 운동 좋아하고 활발한 아이로 변화시키기 위해 눈물겨운 노력을 했습니다.

　놀이터 죽순이가 되어 밤늦게까지 놀이터에서 아이를 놀게 했고, 가끔 공원에 축구공을 갖고 나가서 아빠 대신 제가 공을 차주고 드리블을 시켰고, 수영장에 데리고 가서 튜브 태우다가 언젠가부턴 아예 튜브도 안 주고 암링 끼우고 물에서 놀게 하고, 두발자전거 배울 때는 같이 뛰고 달리면서 아이를 응원하고 가르치고…. 움직임이 둔해서 놀이터에서 또래한테 무시당하고 때로는 소외되기도 하던 아이에게 대응하는 법까지 일일이 가르쳐야 했어요.

　그랬던 아이가 이제 여덟 살이 되었네요. 지난 4년의 노력이 헛되지만은 않았지만, 그렇다고 그 노력이 대단한 결과로 돌아오지는 않았어요.

　아이는 쉽게 변하지 않더라고요. 그리고 변할 필요도 없어요.

운동 잘하는 아이, 친구들 사이에서 남자답다고 인정받는 아이, 인기 많은 씩씩한 남자아이… 그런 아이라고 다 행복한 건 아니잖아요. 저는 이제 수영도, 축구도, 운동도 많이 내려놨습니다.

다만 놀이터에서 놀면서 아이가 놀이의 기쁨을 알게 된 것은 가장 잘한 일이라고 생각합니다. 너무 걱정하지 마세요. 아이들은 다 자기들 생겨먹은 대로, 잘 자라는 것 같습니다. 다만 그걸 믿어주지 못하는 부모가 문제인 것 같아요. 저 역시 그랬고요.

> Re:
> ## 지금껏 하신 그대로
> ## 아이의 의사를 존중해주시길 권합니다

저는 고민을 이야기해주신 분의 염려와는 반대의 생각이 듭니다. 지금까지 잘하신 거예요. 엄마도 아빠도 똑같은 성향이고, 아들이 그걸 꼭 닮아 나왔는걸요. 두 분을 보세요. (대근육이 발달했든 못했든) 서로에게 반해 결혼하셨고, 사는 데 아무 지장 없이 아름다운 가정을 이루셨잖아요. 두 분에게 아무 문제가 없듯 아이에겐 아무 문제가 없습니다. 그저 개성이 있을 뿐이죠.

엄마는 세상 사람들이 모두 "당신 아들 이상하다"라고 말해도 "너는 있는 그대로 완벽해"라고 매일 말해주며 자식을 보듬어주는 존재입니다. 엄마가 아이를 계속 못마땅해하고 문제 있게 바라보면 그 시선 자체가 아이에게는 견디기 힘든 고통이 됩니다. 그리고 결국 문제를 지닌 아이로 자라날 확률도 높아집니다.

그래서 저는 이것을 태권도나 축구를 시킬 것인가 말 것인가의 이야기가 아니라, 아이의 타고난 특성을 어떻게 대할 것인가에 대한 이야기로 돌려놓고 보면 어떨까 합니다. 즉, 내 아이가 지닌 것을 소중하게 생각하며 사느냐, 지니지 못한 것을 지적하며 사느냐의 문제로 전환해보는 거죠. 그 책은 틀려요. 남자아이 중에서 예민하고, 언어능력이 좋고, 여성스러운 아이, 저는 21세기형 아이라고 봅니다. 힘의 시대는 끝났습니다. 여성적 예민함과 감수성을 필요로 하는 일이 더 많아진 세상입니다. 아드님은 아마도 앞으로 여자들과도 대화 잘 통하는 인기남이 될 수 있을 뿐 아니라, 남자가 희소한 분야에서 자신만의 독특한 영역을 개척해나가기에도 유리한 입지에 서게 될 겁니다.

엄마가 자신의 아이를 10,000으로 보아도 초등학교를 졸업할 무렵엔 1,000이 되는 결과물을 가져오고, 중학교를 졸업할 무렵엔 100이 되는 결과물을 가져오기가 쉽습니다. 산다는 건 그런 거죠. 하지만 엄마는 언제 어디서나, 무조건 "우리 만점짜리 아들!" 하고 응원해주어야 합니다. 가식적으로 그러는 것이 아니라, 정말로 마음 깊숙이 만점짜리 아들이라고 믿어야 합니다. 지금껏 하신 그대로 아이의 의사를 존중해주시길 권합니다.

열아홉 번째 질문

아들을 남편처럼 키우고 싶지 않은 마음, 잘못된 건가요?

여덟 살 아들에게 예체능을 비롯해 이것저것 시키고 있는 엄마입니다. 예체능은 고학년 되면 배울 시간이 없어서 저학년 때 해두는 게 좋다고 하여 태권도 주3회, 피아노는 저와 함께 매일, 주산 주2회, 바둑학원 매일, 토요일에 인라인 자세를 익히는 수업을 보냅니다.

이 중 방과 후 주산은 싫어하고요, 인라인은 자세가 엉망이어서 보냈는데 아이는 씽씽 자유롭게 타는 게 좋대요. 자유롭게 타려면 우선 자세를 익혀야 잘 탈 수 있는 거라고 한 달만 더 다녀보자고 했죠.

이것저것 해보며 경험을 쌓다 보면 뭔가 할 줄 아는 아이가 될 수 있을 것 같은 희망을 품어봅니다. 저는 자전거 탈 줄을 전혀 몰랐는데 배우고 나니 정말 즐겁고 다른 세상이 열린 것 같았거든요. 뭔가 할 줄 아는 게 많으면 세상을 풍요롭게 살 수 있다는 생각에 아이에게 이것저것 시키게 됩니다. 저는 어린 시절 사교육을 많이 받은 편인데 그 배움들이 즐거웠거든요. 그런데 한편으로는 아이가 원치 않는데도 시키는 건가 싶기도 해요.

이런 저와는 반대로 형편이 어려워 사교육 하나 받지 않고 자란 남편은 고작 취미가 스마트폰 보기, 잠자기예요. 아, 몸 만들기도 있네요. 헬스를 하거든요. 남편은 제가 아이들이랑 놀 때 스마트폰만 만집니다. 아이들한테 뽀뽀하고 번쩍 들어서 목마 태워주는 게 다고요. 누워서 스마트폰 볼 때가 가장 좋다나요.

전 아들이 남편처럼 되지 않도록 키우는 게 목표예요. 다양한 취미를 만들어줘서 더 풍요롭게 살게 해주고 싶거든요. 참고로 전 워킹맘이고 남편과 비슷한 수준의 월급을 받습니다.

↳ luvmani 님

> 세 살 아들을 키우고 있는 엄마입니다. 저도 고민글을 쓰신 분처럼 어릴 적 사교육 세례를 무척 많이 받고 자랐습니다. 영어, 수학 등 주요 학과목 선행은 물론이고, 미술, 피아노, 주산, 컴퓨터, 발레 등 부모님이 이것저것 많이 시키셨어요. 물론 그중 어떤 것은 제 삶을 풍요롭게 해준 배움도 있습니다. 제 경우에는 피아노가 그랬어요. 그러나 수학, 주산, 미술, 발레 이런 것들은 배운 만큼 실력이 늘지도 않았고, 저도 학원 다니면서 힘들었던 기억이 더 많습니다. 제 깜냥의 영역은 아니었던 거죠. 지금 아드님은 한 번에 너무 많은 예체능 사교육을 받는 건 아닌가 싶습니다. 버거워 보여요. 아이의 생각은 어떤지 한 번 물어보시고, 그다지 흥미가 없는 부분은 학원에 그만 보내시는 편이 아이를 위해서도 더 나을 것 같습니다. 정말 좋아하는 것 한두 개만 깊이 파도 충분히 배움의 즐거움을 풍요롭게 누릴 수 있습니다.

Re: 무엇을 새로 시작할 땐 꼭 아이의 의사를 물어보세요

모든 새로운 활동을 시작할 때는, 아이의 의사를 물어보고 동의하면 시작하세요. 아이가 어릴 때부터 자신의 의사를 표현할 수 있고 그것을 존중받는 환경은, 수영이나 인라인을 잘하고 못하는 환경보다 훨씬 중요합니다. 인라인 자세를 한 달 더 배워보고도 혼자 자유롭게 타는 게 더 좋다고 하면 그렇게 하게 두세요. 씽씽 달리는 것의 자유로움을 느끼고 기백을 키우는 것이 자세 익히는 것보다 훨씬 살아가는 데 큰 자산이 됩니다.

다른 사교육도 마찬가지입니다. 모든 선행학습의 대부분이 '지금 해두면 좋다'라는 부모의 일방적인 생각에서 시작된다는 것을 잊지 마세요. 만약 지금 주산을 그만두면 앞으로 수학 성적이 잘 안 나올 걸 걱정하신다는 것 압니다.

하지만 혹여 수학 성적이 잘 안 나온다 하더라도 그게 반드시 주산을 하다 말았기 때문은 아닐 겁니다. 그건 본래 그쪽으로 타고난 재능이나 관심이 적기 때문일 거예요. 왜냐하면 어떤 아이들은 주산학원 근처에도 안 가고도 수학을 잘하기 때문이죠.

사교육은 신비의 묘약이 아닙니다. 아이가 뒤처지는 영역이 있을 때, 그걸 바닥에 닿지 않게 툭툭 쳐주는 역할 정도는 할 수 있지만, 타고난 재능이 적은 분야에서 두각을 나타내게 해줄 수는 없습니다. 모든 아이들은 자신이 못하는 영역에서 전전긍긍할 것이 아니라 잘하는 영역의 것으로써 삶을 꾸려나가는 법을 배워야 합니다.

다만, 장차 이어질 학업에 있어서 수학의 중요성을 인라인과 비교할 수는 없겠죠. 인라인을 그만두듯 수학을 그만두는 결정은 쉽지 않을 겁니다. 일단 주산은 본인이 싫어하니 그만두게 하세요. 그리고 아이가 좀 더 흥미를 느끼게 할 수 있는 수학 학습을 생각해보세요.

예를 들어, 제가 아는 한 수학 선생님은 아동심리에 능한 분입니다. 이분은 초등2학년 아이를 가르칠 때 주2회, 1시간 수업 가운데 30분 정도는 즐겁게 놀립니다. 수학적으로도 놀리고 (트램펄린을 뛰면서 구구단을 외게 한다든지) 수학과 전혀 무관한 것으로도 놀립니다(아이가 그 의도를 눈치채지 못하도록).

그러고 나서 아주 천천히, 조금씩 수학을 아이에게 들이댑니다. 남은 30분만 공부하는 것이죠. 실컷 논 아이는, 자신과 실컷 놀아준 대상의 이끌림에 기꺼이, 집중해서 수학 공부를 시작해주십니다.

1년 뒤, 효과는 어땠을까요? 아이는 수학 자체에 '호감을 갖게' 되었습니다. 그 시간이 즐거운 시간이었기 때문이죠. 수학과 관련된 좋은 추억들이 많이 쌓였기 때문입니다. 학교에서도 점점 수학시간에 집중하는 아이가 되었고 종내는 손들고 나서는 아이가 되었어요.

저학년 아이가 어려워하는 학과목 사교육을 시작했을 때는 (이럴 때일수록 또래보다 늦은 것을 초초해하는 경향이 있는데) 부모가 외려 마음을 느슨하게 먹고 당장의 점수를 채근하기보다 긴 호흡으로 아이가 해당 과목과 친해질 수 있는 과정을 주선해주어야 합니다.

고민글을 쓰신 분께서는 어릴 때 사교육을 많이 받아서 좋았다고 하셨는데, 호기심도 많고 매사에 열정적인 분 같아요. 똑같은 환경에서 그게 귀찮거나 싫은 기억으로 남는 사람도 많답니다. 아드님은 싫을 수도 있다는 말씀을 드리는 겁니다. 무엇을 새로 시작할 때 반드시 아이의 의사를 물어보세요. 그리고 중간중간 아이가 표현하는 것에도 귀를 기울이세요. 이것은 '소통'의 기본 중의 기본입니다.

아이는 '내가 만들어내는 작품'도 아니고 '나의 복사본'도 아니라는 것을 엄마들은 자주 기억해야 합니다. '나와 다른' 아이가 '나와 다른' 삶을 살아갈 미래에 튼튼한 자유의지로써 자신의 삶에 들여 놓을 것들을 선택할 수 있도록 (학업이 아닌) '심신'의 기본을 함양시켜주는 것이 부모의 가장 중요한 할 일입니다.

*

마지막으로, 실은 가장 핵심적인 것으로, 앞의 글에서 한 가지를 꼭 짚어드리고 싶어요. 바로 '남편과의 관계'입니다. 대충 언급하신 것으로부터 남편에 대해 어떤 답답함과 갈증을 안고 계신지 짐작됩니다. (어린 아들과 공 한 번 안 차고, 혼자 헬스장에 가서 몸을 만드는 남편!)

워킹맘이 아빠 몫의 육아까지 짊어지고, 아빠는 헬스장에서 만든 그 '좋은 몸'을 한창 뛰어놀 아들을 위해 쓰지 않다니요.

스마트폰만 들여다보는 아빠는 아셔야 합니다. 우리나라에서 아들과 아빠가 만날 수 있는 시간은 절대 길지 않아요. 3, 4년만 지나도 학원 스케줄 때문에 아빠와 뛰어놀 시간이 없어지고, 때 이른 사춘기로 아빠를 귀찮아하게 될 겁니다. 그러므로 지금이 바로 아빠와 아들의, 다시 오지 않을 황금기라는 것을 아빠가 꼭 아셔야 해요. 야구를 해도 되고 축구를 해도 되죠. 자전거를 타고 강변을 오래오래 달려도 좋을 겁니다.

지금 고민을 털어놓으신 분의 남편을 향한 답답함과 갈증은 바람직하지 않은 교육관으로 굳어지고 있어요. '아들이 남편처럼 되지 않는 것'이 목표가 된 교육관이라니요. 아들은 아버지를 존경하고, 엄마는 자신이 선택한 남자인 아버지를 아들이 닮기를 바라는 것, 이것은 화목한 가정의 전형적인 관계도라고 할 수 있습니다.

모두가 전형적인 관계를 유지하며 살 수는 없겠지만 최소한 "네 아빠란 사람은 말이다, 허구한 날…", "절대로 아빠처럼 되어선 안 돼"와 같은 말이나 행동이 엄마로부터 알게 모르게 분출될 때, 그것은 수천 개의 최고급 사교육으로도 메꿀 수 없는 영혼의 '빵꾸'를 만듭니다. 아이도 아빠도 서로 건강한 관계를 맺는 것은 불가능해지죠.

날을 잡아서, 남편에게 지금 느끼는 갑갑함을 호소해보세요. 절대 비난하거나 공격하는 것이 아닌 어조로 전달되어야 합니다. 특히,

아빠의 무관심이 한창 아빠를 필요로 하는 아들의 성장에 어떤 영향을 미칠 수 있는지를 (아내로서의 바가지가 아닌) 엄마로서의 순수한 염려로 전달해보세요.

그리고 남편에게 '아빠학교'에 가보길 권하세요. 만약 아빠학교까지는 완강하게 거절한다면 '아이와 아빠가 함께 하는' 프로그램을 권해보세요. 기왕이면 캠핑이나 운동 등 활동적인 프로그램으로 권하세요. 사내아이의 바깥 활동에 대한 욕구는 엄마가 커버하기에는 한계가 있다고, 무엇보다 당신이 아이와 가장 좋은 친구가 될 수 있는 시간을 놓치는 것이 안타깝다고 이야기하세요.

제가 볼 때 남편 분은 어려서 사교육을 많이 받지 않아서 무엇을 배울 줄 모르는 게 아니라, 어렸을 때 제대로 놀아보지를 않아서 '더불어 노는 것의 즐거움'을 모르는 분 같습니다. 첫 단추를 끼우는 것이 어렵지, 일단 아빠와 아들 둘이서 시간을 가져본다면, 이를 통해 오붓함을 느끼고 더불어 놀고 뒹구는 친밀함을 알게 된다면, 두 번째 단추부터는 한결 쉬워질 겁니다.

대부분의 아빠들은 자신들이 아이들에게 얼마나 엄청난 영향력을 지닌 존재인지, 아이들이 아빠로 인해 얼마나 활기차고 자신감 넘치게 자라날 수 있는지 잘 모르고 있어요. 아빠들에겐 육아에 발을 들일 수 있는 구체적이고도 자상한 가르침 혹은 동기가 필요합니다.

엄마가 (뭐든 알아서 하지 못하는 남편에게 감정적으로 이미 많이 지쳐) 아빠를 일일이 가르치며 자상하게 동기 유도를 할 수 없다면, 도움을 줄 수 있는 프로그램이나 기관을 이용해서라도 아빠들 스스로 자신들에게 얼마나 위대한 부성이 있는지 '배울 기회'를 주어야 합니다.

애들만 사교육 시키지 말고, 제발 아빠들을 가르쳐요, 아빠들을! 투자 대비 효과가 훨씬 클 겁니다. 이 기회를 적극적으로, 인내심 있게 주선하는 것은 (육아만으로도 충분히 힘들지만 결국) 엄마들이 해내야 해요. 왜냐하면 엄마들은 아이들의 '아빠에 대한 필요성'을 아빠들보다 더 먼저, 더 절실히 느끼니까요. 큰아들 하나 키운다 생각하고, 인내심 있게 공을 들이세요.

스무 번째 질문

형제간의 다툼, 어떻게 훈육해야 할까요?

쌍둥이 남아를 키웁니다. 같은 날 태어난 두 아이를 1분 터울의 형과 아우라는 이유로 무심결에 차별하게 될까 우려되어 아가 때부터 이렇게 말해주었어요. "너희는 소중한 친구야. 1분 차이로 세상에 먼저 나온 넌 두려움을 당당히 이겨내고 나왔고, 1분을 양보한 너는 마음이 참 넓지 뭐야"라고요.

이제 일곱 살이 된 아이들은 서로 관심 있는 부분이 전혀 다릅니다. 엄마인 제 눈엔 서로 비교당하지 않으려고 둘 중 한 명이 두드러지게 잘하는 분야가 있으면 다른 아이는 그쪽으론 시도도 하지 않고 두려워하고, 짜증내는 모습을 보입니다. 자기가 최고라고 인정받고 싶어하는 시기이기도 하고, 성장 과정이겠지 하다가도 은연중에 제가 두 아이를 비교하여 자존감을 떨어뜨린 건 아닌지 돌아보게 되네요.

그런 아이들에게 자신이 하고 싶다면 잘하지 못하더라도 일단 용기를 낼 필요가 있다, 첫발을 내디디면 어느새 즐거움이 찾아올 거라고 말해주고 있습니다만, 아이들이 자꾸 뒤로 물러섭니다. 어떻게 하면 아이들의 자존감을 세워줄 수 있을까요? 어쩌면 자존감이 아닌 다른 문제일까요?

또 다른 고민은 아이들의 넘치는 힘에 관한 것입니다. 마음과 몸이 쑥쑥 성장하는 중인지라 하루 종일 밖에서 놀며 에너지를 발산해도 집에서 또 서로 부딪치며 충돌하더라고요. 작년까지만 해도 큰 몸싸움을 하지는 않았는데 이젠 집 안이 순식간에 격투기장으로 바뀝니다. 아이들은 서로 몸으로 부딪치며 때려보기도, 맞기도 하며 힘의 세기와 아픔을 느껴봐야 스스로 폭력의 정도를 느끼고 자제한다는 말을 들었기에 저는 두 형제의 싸움이 최대한 끝을 볼 때까지 기다립니다.

하지만 끝내 참지 못하는 경우가 물론 있죠. 회초리를 들 때도 있고요. 폭력을 제지하기 위해 폭력을 쓰다니 이런 어불성설이 있을까요. 아이들에게 회초리를 휘두르면서도 늘 딜레마에 휩싸입니다. 회초리를 휘두르는 스스로에게 불편함을 느끼니 늘 체벌 후엔 후회가 남습니다. 처음엔 감정을 도닥이며 대화로 풀어보려고도 하고 '생각의 방'이란 곳에서 반성도 해보게 합니다.

그러나 정말 최후의 방법은 두려움으로 아이들을 제압하고 혼내는 방법뿐일까요? 특히나 형제끼리만이 아니라 다른 아이들과 섞여 있을 때, 장난으로 시작한 그런 행동들이 큰 상처나 피를 부를 때면 가슴이 철렁합니다. 아이들에게나, 저 스스로에게나 떳떳하게 훈육하는 방법에는 어떤 것이 있을까요?

↳ **Moon 님**

첫번째 질문에 대해서는 일단 부모가 일관된 반응을 보인다는 전제가 가장 중요할 거 같아요. 그리고 혹시나 아이들의 과제나 행동의 '결과물'에 대해서만 칭찬하진 않으셨나 생각해보시면 좋을 것 같습니다. 만일 그러셨다면 아이들이 결과가 좋지 못하면 칭찬을 받을 수 없으니, 과정 자체가 의미 없다고 받아들였을 수 있었을 것 같아요. 예를 들면 "수수깡과 나무젓가락을 연결해 자동차를 만들었네. 연결하기 쉽지 않았을 텐데 끈기 있게 해보았구나" 하는 식의 반응을 보이시면 아이들이 엄마가 결과보다 나의 과정 하나하나에 관심을 더 가져주시는구나 하고 생각하지 않을까요.

그리고 회초리는 부모가 편하기 위해 사용하는 수단은 아닐는지 조심스레 생각해봅니다. 아이들은 절대 회초리로 다스릴 수 없다고 생각합니다. 그 순간만 모면할 뿐이죠.

↳ **응원 님**

저는 초등학교 4학년 외동딸을 키우는 엄마인 터라 형제 문제에 대해 아는 바가 전혀 없지만, 두 아이가 육탄전을 하며 싸우는 것을 두고 엄마가 궁극의 해결책으로써 회초리를 들어 상황을 마무리하는 것은 아이들의 삶 속에서 폭력이 너무 일상화되어버리는 방식이 아닐까 싶어 우려됩니다. 힘의 세기와 강도를 몸으로 체감해야만 폭력을 자제한다는 말이 과연 괜찮은 관점인지 한 번 생각해보셨으면 하는 바람입니다.

↳ **팬지몽 님**

쌍둥이 형제라고 하시니 저희 집 풍경과는 또 다를 거라는 생각이 듭니다. 저는 두 살 터울의 남매를 키우는데요. 대부분 일곱 살 아들의 장난으로 싸움이 시작됩니다. 99퍼센트가 그래요. 한쪽이 여자아이다보니 치고받고 싸우는 방향으로 가는 일은 드물지만, 가끔 때리는 일이 발생하기도 하는데, 그때는 제가 바로 제지를 합니다. 다투더라도 때리는 건 안 된다고 강하게 말해요.

그 외의 경우에는 그냥 제가 모르는 척합니다. 그렇게 두면 둘 중 한 명이 쪼르르 와서는 자신의 상황을 이야기하곤 하는데, 그때에도 누구 편을 딱히 들어주진 않고, "응, 그랬구나" 하는 정도로 받아줍니다. 물론 싸움을 거는 쪽인 아들에게는 어떤 부분을 잘못했는지 알려주는 편입니다. 상대방이 원하지 않는 순간에 거는 장난은 장난이 아니고, 함께 즐길 수 있는 순간까지만 장난이라고도 일러줍니다. 물론 말해도 그때뿐입니다만, 계속 얘기해주는 것 외에 다른 방법을 모르겠네요. 그저 크면서 나아지겠지 하는 마음으로 지냅니다.

저도 아들에게는 가끔 매를 들기는 하지만, 정말 제대로 작정하고 때려본 적은 없어요. 살짝 꼬집거나 소리 지르는 일은 종종 있지만요. 제 생각으로는 형제끼리 싸울 때에 엄마 마음이 얼마나 속상하고 힘든지를 표현해보시는 것도 좋은 방법이지 않을까 싶습니다.

> Re: **'일관되고 절도 있게' 사용된다면 그것이 그 가정에 적합한 훈육입니다**

부모라면 너나없이 자신의 교육관을 폭넓게 되돌아볼 기회를 부지런히 가져야 하는 것, 옳습니다. 그런 점에서 함께 지혜를 나누어주신 분들께 감사를 드립니다.

다만, 저는 애초에 이 이야기를 좀 더 작은 차원의 고민으로 읽었다는 점을 고백합니다. 형제를 먼저 키워보신 분들이 '훈육과 관련된 효과적인 팁'을 제시해주시지 않을까 하는 정도로 기대했던 것 같아요. 그 이유는 고민글을 쓰신 분께서 이미 자신의 육아 방식과 관련하여 문제가 있는 지점들을 대체로 인지하고 계셨고, 글 속에 이에 대한 자성의 목소리가 들어 있었으며, (아직 정답은 아닐지라도) 정답을 찾아내기 위한 여러 부지런한 시도들 또한 동반되어 있었기 때문입니다.

저는 육아에 정답이 따로 있다고 생각하지 않습니다. 불완전한 인간이 불완전한 인간을 키우는데 조금 먼저 살아봤다고 얼마나 완벽한 지혜로 아이를 대할 수 있겠습니까? 부모는 아이를 돌봐주고 보호하는 기본적인 책무를 완수할 수 있을 뿐, 양육 와중에 벌어지는 모든 일들에 대해 완벽한 해법을 지닐 수 없습니다. 그럴 수 있다고 생각한다면 오만입니다. 그런 태도는 버려야 합니다. 그러므로 육아에서 정답은 정답 자체로 존재하는 것이 아닙니다. 부지런한 탐색과 자성, 그 사이에 존재하는 무엇입니다. 이번엔 이렇게 해보고 반성하고, 다음번엔 저렇게 해보고 반성하는 것이죠. 그렇게 조금씩 터득하고 나아지며, 때로는 시간이 한참 지나고 나서야 깨닫는 무엇, 그것이 육아의 과정이 됩니다. 우리가 우리의 인생에 대해서 그러하듯 말입니다.

예를 들어, 댓글 중 언급된 '회초리' 문제에 대해서도 저는 약간 다른 생각을 가지고 있습니다. 우리의 전통문화에는 엄연히 '회초리'가 존재했죠. 회초리는 폭력과 다릅니다. 개인으로서의 저는 이 방식을 선호하지 않으며 굳이 나서서 옹호할 마음도 없습니다만, 이것이 하나의 방식으로서 존재함을 인정합니다. 꼭 필요한 상황에서 절도 있게 사용된다면, '나는 폭력은 사용하지 않는다'면서 백 마디 천 마디 말로 아이를 들들 볶거나, 아이를 상대로 감정적 히스테리를 폭발시키는 유형보다 오히려 서로에게 찌꺼기를 남기지 않을 수 있는 방식이라는 점에서 그렇습니다. 실제로 10대 사내아이들은 엄마의 백 마디 말을 듣는 것보다 등짝을 한 대 맞는 편이 훨씬 덜 고통스럽고 시원하며 후련한 각성을 불러온다고 말하기도 하죠. (짐승들!)

아이를 키운다는 것은 현실입니다. 이상이나 당위와는 다르죠. 이대로 머리가 허옇게 셀 것 같다는 무력감을 느끼며, 도무지 앞이 안 보이는 나날들을 매번 같은 동작으로 반복해야 할 때가 많습니다. 쌍둥이 형제가 코피 터지게 싸우는 모습을 보는 엄마의 심정은 회초리가 아니라 몽둥이라도 집어 들고 싶어짐을 십분 이해합니다.

그러므로 다시 아까의 이야기로 돌아가야겠습니다. 크게는 육아에 있어, 작게는 훈육에 있어 완벽한 정답은 없습니다. 완벽해야 한다는 강박관념을 버립시다. 완벽한 답이 있을 것이라는 기대마저 버립시다. 완벽한 부모가 될 수도, 그럴 필요도 없다는 것을 깨달읍시다. 부지런히 '탐색하고 자성하는' 부모로 만족합시다. 생각 의자, 무릎 꿇고 손들기, 회초리 등 무엇이 되었든 꼭 필요한 상황에서 일관되고 절도 있게 사용되기만 한다면 그것이 그 가정에 적합한 훈육의 정답이 된다고 생각합시다.

다만, 엄마는 어떤 선택을 하든 대전제로 사랑을 깔아두어야 하고, 훈육 뒤에는 반드시 안아주어야 하며, 아이들의 상태를 각별히 살펴야 합니다. 만약 아이들의 상태로부터 자신의 방식에 의심이 든다면 자성하면서 다른 시도를 도입해봅시다. 그냥 그뿐입니다.

사실 이 조그만 녀석들이 생각 없이 서로 때려 패겠다는데 정답이 있다는 것이 더 기이한 일이겠지요? 아마 앞으로 한참 더 때려 팰 겁니다. 그냥 프로레슬링 관전한다고 생각하세요. 프로레슬링처럼, 아이들을 앉혀 놓고 몇 가지 룰도 만들어 두세요. 종이에 써서 둘이 볼 수 있는 곳에 붙여 두세요. 그 룰, 당연히 제대로 지켜지지 않겠지요? 그럼 다시 회의하세요. 다시 수정해서 새로이 붙여 두세요. 그런 겁니다. 그러다 보면 시간이 갈 뿐입니다. 프로레슬링 하는 시절을 졸업하는 거죠. (짐승들!)

보다 작고 구체적인 팁으로서 제가 생각해본 것들은 이렇습니다.

• 서로 때리고 맞았을 때의 기분을 글로 쓰게 하거나, 길게 쓰기 힘들어하면 녹음하게 할 것. 이것을 상대방에게 읽어주고 들려주는 방법. 그런 식으로 자신들의 행위가 서로에게 어떤 영향을 미치는지 '인지'하게 하는 것. 앞의 것으로 안 되면, 좀 더 강한 방법으로 신음소리나 일그러진 표정이 적나라하게 담긴 동영상을 보여주며 함께 말하게 하는 방법도 있습니다.

• 자기 전 서로의 손발 마사지해주도록 하기, 목욕할 때 서로의 등에 비누칠해주기 등 서로의 몸을 부드럽게 터치하고 다루게 할 것. 부드러운 터치의 기분 좋음과 몸의 소중함을 존중하는 표현 방식이 존재함을 알게 하는 방법입니다.

쌍둥 어멈, 부디 힘내세요. 아이들이 프로레슬링 하는 동안 엄마 혼자 '에라, 너희 둘은 싸워라, 난 이참에 뭐라도 좀 먹겠다' 하며 몸에 좋은 것들을 챙겨 드실 정도의 내공이 되어야 두 녀석의 다가올 사춘기를 버팁니다. 어찌 됐든 험난한 육아에서 살아남아야 하는 것, 알죠?

스물한 번째 질문

거친 말을 하는 아이, 어떻게 대응해야 할까요?

일곱 살 여아, 다섯 살 남아를 키우고 있는 워킹맘입니다. 이곳에서 좋은 글과 조언들을 읽으면서 도움도 많이 받고 느끼는 것도 많았습니다. 특히나 좋은 생각을 가진 분들이 이렇게 많이 계신다는 것에 기쁘기도 하고요.

전 요즘 다섯 살 아들 육아로 많은 고민을 하고 있습니다. 줄곧 일을 해왔던 터라, 첫째도 둘째도 시어머니께 육아를 부탁드리고 있는 상황입니다. 둘째는 누나와 17개월 차이로 대부분의 둘째 아이들이 그렇듯이 욕심이 많고 눈치가 빠릅니다. 남자아이이긴 하지만 또래보다 말도 잘 하고요. 확실히 키워보니 첫째보다 둘째가 언어적인 면에서 많이 앞서가더라고요.

저희 부부는 첫째와 둘째의 개월수 차이가 적고, 둘째로 인해 첫째가 17개월부터 어린이집을 가게 된 터라 안쓰러운 마음에 늘 첫째의 마음을 먼저 살펴오곤 했었습니다. 그렇다고 너무 표 나게 첫째만을 위했던 건 아니고요.

둘째는 남자아이라서 그런지 누나보다 폭력적이고, 성격도 급한 편이라 누나와의 관계에서 벌어지는 일 때문이 아니더라도 꾸중을 더 자주 듣곤 합니다. 설렁설렁 지나가다가도 일부러 누나를 치고 가고, 누나가 보드게임을 하면 가서 망가뜨리고, 자기 마음에 들지 않으면 장난감을 던지는 식입니다. 저희는 그럴 때마다 타임아웃을 사용하기도 하고, 생각 의자로 데려가 손들고 반성하라고 훈육합니다.

그런데 요 녀석이 얼마 전부터는 사사건건 조건을 걸어옵니다. 위험해서 안 된다고 하면 "그럼 안 할 테니까 장난감 사줘", 게임을 너무 오래한 거 같아 그만하자 하면 "그럼 나 밥 안 먹을 거야" 하는 식입니다. 그래서 그러는 거 아니라고 하면서 아이가 하고자 하는 것을 제지하면, 화가 폭발해서는 "엄마 죽여버릴 거야", "강물에 던져버릴 거야", "차에 깔려 죽게 할 거야" 등의 심한 말로 저를 위협하곤 합니다.

얼마 전엔 아이가 던진 장난감이 제 얼굴을 강타하여 (남자 녀석이라 힘도 세서는) 본의 아니게 눈물까지 보이게 되었어요. 아프기도 아팠지만 아들 입에서 "엄마 죽여버릴 거야"라는 말을 들으니 나름 일하며 아이 키우며 열심히 노력하며 살았다 자부했는데, 지금까지 잘못 키운 것만 같아 너무 속상했어요. 이 글로 저의 잘못된 육아 방식 전반을 진단받을 수는 없겠지만, 이런 아이들은 어떻게 훈육해야 하는 건지 정도는 알고 싶습니다. 혼을 내더라도 제대로 알고 접근해야 될 듯해요.

↳ 히즈 님

저도 여섯 살 남아를 키우고 있어요. 작년에 네 살 터울 동생이 생겼고, 요즘 부쩍 반항적인 말과 행동을 보여 고민스러웠어요. 그전엔 외동으로 제 눈길과 손길을 한눈에 받다가 아무래도 엄마 관심이 덜해지니 동생 스트레스 받는 듯도 하고, 일곱 살 무렵 온다는 '유아사춘기'가 조금 빨리 온 듯도 해요.

제가 아이의 행동을 관찰하고 고민해본 결과, 아이의 반항심과 거친 행동을 완화시키는 데 가장 효과적인 해결책은 '놀이'와 '칭찬'이었어요. 아무리 동생을 툭툭 치고 거슬리게 행동해도 우선 제 욱하는 마음을 심호흡으로 가라앉히고, 단호하고 짧게 그러지 말라고 얘기해줬어요. 대신 아주 조금이라도 잘하는 행동이 보이면 폭풍 칭찬을 해줬어요.

그리고 가장 중요한 건 놀이인 것 같아요. 집안일 내려놓고, 동생은 잠시 방치해두더라도 모든 정신을 큰아이에게 집중해서 30분만 놀아줘도 행동이 확 달라지더라고요. 특히 남자아이라 베개 싸움이나 침대에서 구르기를 하며 땀 한 번 쭉 빼고 놀아주면 아이도 카타르시스를 느끼는 것 같아요. 워킹맘이라 퇴근 후에 많이 힘드시겠지만, 정말 30분만이라도 아이와의 시간을 가져보시길 추천드려요!

↳ 단호박 님

여덟 살 딸, 일곱 살 아들, 16개월 차이나는 연년생 남매를 키우고 있어요. 저희 아들도 가끔 (장난으로) 장난감을 누나나 저에게 던질 때가 있어요. 힘 조절이 안 된 상태에서 던지는 거라 맞으면 정말 아프죠. 전 그럴 때 눈물 쏙 빼게 혼내요. 저는 아이가 부모 무서운 걸 알아야 한다는 주의이기도 하고, 타인에게 폭력으로 해를 입히는 경우라면 반드시 혼을 내야 한다고 생각해요.

조건을 다는 것에 대해서도 보통 안 된다고 말해요. 조건을 다는 것 자체가 나쁜 습관이라고 생각해서요. 저희 아들도 어느 무렵부터

"엄마를 때릴 거야, 장난감 던질 거야" 하며 부정적인 말들을 쏟아냈었는데, 그 말을 액면 그대로 받아들였다기보다는, 아이가 엄마와 분리되려고 애쓰는 시기라고 인식했던 것 같아요.

대신 아이의 생각을 바꿔줄 필요는 느껴서 아이가 거친 말을 뱉을 때마다 오히려 유머러스하게 웃으면서 아이의 감정을 풀어줬던 것 같아요. 자식 낳았다고 거저 부모가 되는 게 아니라는 걸 거의 매일매일 느끼네요. 부디 힘내세요!

> Re:
거친 말을 하는 사내아이를 위한 매뉴얼

흔히 유아동 문제로 상담을 가면 양육 환경과 양육 방식에 대한 점검이 선행됩니다. 아이들은 '거울'처럼 주어진 것을 비춰내기 때문입니다. 이 말은 '엄마인 내가 뭔가 잘못한 게 틀림없어'라는 죄책감을 가지라는 얘기가 아니라 (이러면 소모적인 감정의 수렁에 빠져 허우적대기 쉽습니다) 정신 차리고 주변을 살핀 뒤, 몇 가지만 정리하고 새롭게 틀을 잡아도 아이들에게 두드러지게 변화가 나타난다는 뜻입니다.

기왕지사 '남자아이'라는 특정된 주제가 불거져 나왔으니 그 부분에 대해서 약간 덧붙일 말이 있습니다. 엄마가 아들을 키우며 반드시 염두에 두어야 할 것은 '남자'라는 이성異性에 대한 포괄적인 이해입니다. 남자(아이)의 의사소통은, 어떤 사안에 대한 자신의 감정이나 생각을 명확히 전달하는 것보다 그것을 해결하는 데, 혹은 해결하려는 힘이 얼마나 강력한가를 전시하는 데 집중되어 있습니다.

그놈의 힘. 남자들은 평생 힘에 매혹되고 힘에 휘둘립니다. 힘에서 파생되는 전쟁, 승리, 정복에 이끌리죠. 이것은 어른이 되어서도 흔히 볼 수 있습니다. 남자가 사랑 고백이나 청혼을 할 때, "너를 생각하면 어쩐지 가슴이 으깨지는 것 같아서 깊이 잠들 수가 없어"라고 고백하는 남자는 거의 없죠. 그들에게는 문제해결(= 이기는 것, 쟁취하는 것)이 목적이 되곤 합니다.

그래서 진정성 어린 사랑의 어휘를 고르는 일보다 자신의 사랑이 얼마나 크고 강력한가를 보여주는 데 골몰합니다. 결혼하면 해줄 수 있는 공약을 남발하고(빨래랑 설거지는 다 내가 할게!), 고백이 받아들여지지 않을까 봐 서둘러 자해도 하죠(나 여기서 뛰어내릴 거야!). 그러므로 그들이 빨래를 자기가 하겠다고 하든, 절벽에서 뛰어내리겠다고 하든, 글자 그대로의 진실을 믿어선 안 됩니다. (그럼 반드시 발등을 찍게 되죠.) 대신 '그래, 네가 어지간히 '예스'라는 말을 듣고 싶구나' 정도로 들어 두어야 발등이 나중까지 무사합니다.

폭언을 사용하는 남편들도 마찬가지입니다. 아내들은 그들이 사용한 단어의 의미에 충격과 상처를 받지만, 사실 이 가련한 남성들은 (특히 자신의 감정을 다루는) 단어를 제대로 사용할 줄 모르는 경우가 많습니다. "속상해", "창피해" 같은 말의 사용법을 제대로 배운 적이 없기 때문입니다. 그래서 무작정 싸움에서 이기기 위해, 자신이 얼마나 센지 보여줘서 기선을 제압하기 위해, 무조건 '쎈' 단어를 가져다 쓰는 것뿐입니다. (물론 그 순간 가장 '약하고 한심한' 남자로 전락한다는 걸 본인들은 모릅니다.) 그들은 실제로 흥분 상태가 가라앉은 뒤에 자신들이 내뱉은 말을 일일이 기억하지 못하며, 그냥 '화를 냈다' 정도로만 기억하는 경우도 허다합니다.

자, 우리 여기에선 이 '언어 지체'가 있는 성인반 학생들일랑은 복도 끝에 던져두고, 일단 애들이나 잘 키워 미래의 며느리에게 넘겨주는 걸로 합시다. 다음은 '거친 말을 하는 꼬마 사내들을 다루는 매뉴얼'입니다.

❶ 사내아이가 거칠게 말할 때, 엄마는 그 잔인성에 감정적으로 휘둘리면 안 됩니다. 말의 '뜻'이 아닌 '의도'를 파악해야 합니다. '날 죽이고 싶다니! 내가 널 잘못 키웠구나', '어떻게 엄마에게 이럴 수가!'가 아닙니다. 대신 '네가 엄마를 이기고 싶구나', '이렇게 해서라도 네가 원하는 것을 관철하고 싶구나'로 받아들여야 합니다.

❷ 파악한 바를 아이에게 반복해서 알려줘야 합니다. "너는 엄마를 죽이고 싶은 게 아니라 장난감을 가지고 싶어서 속상했을 뿐이야. 그러니까 그런 미운 말 대신, '엄마 난 장난감이 정말 가지고 싶은데 그러지 못해서 속상해요'라고 말해야 해. 따라해봐. 엄마 난 장난감이 정말 가지고 싶은데 그러지 못해서 속상해요."

❸ 아이가 "속상하다"고 고쳐 말하면 한 번 더 아이 입장에서 '되는 일인지, 안 되는 일인지'를 생각해보고 결정해야 합니다. 지금 이 사안이 엄마가 양보해도 좋을 것인지, 아니면 엄하게 금지해야 할 것인지를요. 되는 것과 안 되는 것의 '경계'는 명확하고 일관된 것이 좋

습니다. 하지만 때론 융통성도 필요하죠. '오늘은 목욕을 안 하고 싶다' 정도는 들어줄 수 있을 겁니다. 반면에 '누나를 때려서라도 과자를 뺏어 먹고 싶다'를 들어줘서는 안 되겠죠.

❹ 되면 되는 이유를, 안 되면 안 되는 이유를 말해줍니다. 이유를 말할 때는 단호하고 간결하게 말해줍니다. 남자아이들에게 하는 말은 나중에 그 말을 아이가 기억해낼 수 있을 만큼 분명하고 짧아야 합니다. 이어지는 아이의 일탈 행동들, 이를테면 머리를 땅에 찧는다든지, 비명을 지르며 물건을 던진다든지, 전신 발작을 한다든지 하는 행동들에 대응하는 방식도 일관된 것이 좋습니다. 냉담과 무시, 또는 생각 의자에 앉기, 또는 손발을 꽉 붙잡고 진정될 때까지 기다리기 등으로요. 엄마가 괴롭더라도 다른 가족들에게 미리 양해를 구해놓고 끝까지 '안 되는 것은 안 되는 것'임을 아이가 깨닫도록 충분한 시간을 주어야 합니다.

❺ 아이가 진정되면 "이리 와봐" 하고 부릅니다. 짧고 간결하게, 처음부터 오늘 있었던 사건을 정리해줍니다. 잘못된 말과 행동에 대해서는 "미안하다"는 말을 하게 합니다.

❻ 아이가 이에 따라주면 엄마가 "알아들어줘서 고맙다"고 말합니다. 그리고 온 힘을 다해 안아줍니다.

그 외의 '유아'들의 TV 시청이나 컴퓨터게임에서 파생되는 문제는 간단합니다. 그냥 집에서 TV나 컴퓨터를 치워버리면 됩니다. 부모가 그것 없이 못 살면서, 어른도 자제 못하는 것을 유아들에게 하라고 하는 것은 무리한 요구입니다. 제가 100퍼센트 장담드릴 수 있는 것은 한 가지. TV(스마트폰, 컴퓨터를 포함)를 치우는 순간, 유아들은 책을 보기 시작합니다. 그리고 TV나 컴퓨터게임을 늦게 접하면 접할수록 더 많은 책을 읽습니다. 하지만 언제까지나 치워둘 수만은 없겠죠.

'어린이'의 TV 시청과 스마트폰, 컴퓨터게임은 성문화된 약속, 예를 들자면 오후 2~3시 사이에 한다, 하루 1시간만 한다 등 부모와 아이가 합의한 바를 종이에 써서 붙여놔야 합니다. 이때 성문화 조약은 법전처럼 세세할수록 좋습니다. 이를 한 번 어길 시에는, 세 번 이상 어길 시에는, 외출로 인해 게임을 못할 시에는, 시험을 본 날에는, 시험 전날에는… 식으로 상황에 따른 세부조항도 구체적으로 협의하여 적어 두는 것이 좋습니다. 그리고 그 내용은 '이상적인 법전'이 아니라, 아이의 능력과 성향을 고려한 '맞춤형 법전'이어야 합니다. 이를 준수하기 위한 부모의 감독과 아이의 훈련은 지속적으로 요구됩니다. (아마도 전쟁이 될 겁니다…) 전쟁 뒤에는 다시 양자 간의 합의하에 세부조항을 수정합니다. (끝이 없습니다. 사춘기가 끝날 때까지…)

마지막으로, 댓글에서 언급된 남자아이들의 '카타르시스'에 대해 언급하고 싶습니다. 남자는 생리적으로 안에 쌓인 것(정액, 땀 등)을

'방출'하지 않으면 이상행동을 하는 종족입니다. 다시 말해 방출하고 나면 아주 고분고분해진다는 뜻이죠. 실시간으로 소통해야 하는 여자아이들과 달리 확실하게 30분쯤 놀아주고 나면, 몇 시간씩 누구의 관심도 필요로 하지 않습니다. 자신이 미뤄두었던 할 일에 알아서 집중하기도 하고요.

그래서 저도 중빈이가 초등5~6학년 때까지 숙제를 펼쳐놓고 뭉기적거리고 있거나 하면 "너 왜 숙제 열심히 안 해?"가 아니라, "너 빨리 나가서 놀다 와!"라고 했습니다. 한두 시간 정도 땀을 뻘뻘 흘리며 축구를 하고 들어온 아이는 초스피드로 초집중하여 할 일을 끝내곤 했죠. (본래 인류 역사에서 남성 스포츠가 생겨난 기원이 이와 크게 다르지 않습니다.)

더 어린 아이들도 마찬가지입니다. 간지럼 태우기 놀이 등을 하며 집중적으로 놀고 난 뒤에는 엄마가 설거지를 해도 잠잠히 내버려두죠. 사내아이들의 이 리듬을 잘 활용하세요. 아이 몸도 건강해지고, 엄마와 아이의 관계도 건강해지고, 능률 있게 할 일을 해내는 법을 배우고, 일석삼조입니다.

Part 4

관계 속에서 성장하는 엄마와 아이

스물두 번째 질문

누구나 경계심 없이 따르는 아이, 괜찮은 걸까요?

일곱 살 남자아이 이야기입니다. 누가 봐도 인사성 바르고 활동적이고 모든 친구들과 잘 지냅니다. 그런데 점점 이런 성향이 지나쳐지는 게 아닌가 싶어요. 아이는 길에서 마주치는 사람 누구에게나 인사합니다. 인사를 받아주는 사람이면 대화를 시도하고, 자기에 관해 이것저것 이야기합니다.

최근에 유치원에서 부모 상담을 했는데 수업 중에 사라져서 찾아보면 다섯 살 반에 가서 동생들하고 놀고 있다는 말을 들었습니다. 수업 중에도 친구에게 문제가 생기면 바로 달려가 해결해주려고 하느라 자기 일을 못한다고도 합니다. 더 큰 걱정은 야외활동을 나가면 다른 유치원 아이들에게 인사하느라 대열을 이탈하고, 중고등학생 언니 오빠들이 귀엽다고 말 걸면 또 그쪽으로 쪼르르 따라가 이야기를 한다는 겁니다. 이건 그냥 성격이 좋고 활발하다 정도로 볼 부분이 아닌 것 같아서 걱정입니다.

무엇보다 제가 고민되는 부분은 이런 행동들이 잘못된 애착형성 때문은 아닐까 하는 건데요. 저희는 맞벌이 부부라 아이가 7개월부터 어린이집에 다녔습니다. 하원 후에는 할머니 댁에서 시간을 보내다가 퇴근하면서 제가 아이를 집으로 데리고 오는 패턴이었습니다. 그런데 제가 야근이 많아서 아이가 밤늦게까지 할머니 댁에 있는 날들이 많았어요.

시부모님과 고모네가 함께 살아서 할머니 댁에는 현재 초등학교 형들이 있습니다. 아이는 거의 6년 동안을 형들하고 함께 성장한 거죠. 그러다 보니 어릴 때는 안 그랬는데 점점 자랄수록 할머니 댁에서 놀다가 집에 가자고 하면 울고 떼쓰면서 안 간다고 하는 날도 많습니다. 모임이 있으면, 아이는 저나 남편보다 다른 사람들에게 더 안기고 따르려고 합니다. 이럴 때면 서운하면서도 혹시 관심을 받고 싶어서 그런 걸까, 엄마 아빠는 자기를 사랑하는 걸 알기 때문에 다른 사람에게도 예쁨을 받고 싶은 걸까, 아니면 반대로 부모에게 사랑받는다는 느낌이 부족해서 그런 걸까, 참 여러 가지 생각이 듭니다. 집에서 함께 있을 땐 정말 잘 놀거든요. 엄마가 제일 좋다고 하고요.

사람을 비롯해 주변 모든 상황에 관심이 많은 아이, 그저 성장 과정일 뿐인데 제가 너무 예민하게 생각하는 걸까요? 남편은 초긍정주의자라서 "호기심이 많아서 그렇다", "그것도 재능이다"라고 이야기할 뿐, 제 고민에 공감하지 않아서 논의가 잘 안 돼요.

↳ **simple life 님**

전문가는 아니지만 고민글을 읽은 제 소감은 글을 쓰신 분께서 '엄마인 내가 일을 해서 아이가 7개월부터 어린이집에 다녔기 때문에 아이가 잘못된 건 아닌가' 하는 죄책감에서부터 벗어나시는 게 좋을 듯해요. (저도 좀 비슷했거든요.) 서운하시겠지만 엄마보다 할머니나 사촌 형들이랑 잘 지내는 건 함께한 추억과 시간들이 많아서 어쩔 수 없는 부분인 것 같아요. 천성적으로 정이 많은 아이 같기도 하고요.

절대적으로 개인적인 생각입니다만, 아이가 남을 더 챙기는 이타심은 타고난 성향이 아닐까요. 물론 거기에 환경적인 요인이 더해져서 그 성향이 조금 더 짙어졌을 수도 있고요.

이타적 성향을 가진 사람은 '나', 바로 내가 안중에 없다는 게 제일 중요한 부분 같아요. 아직 자아형성이 완벽하게 이루어지지 않은 일곱 살 아이이기 때문에 아이가 '나'라는 사람을 좀 더 중요하게 생각할 수 있도록 도와주는 게 좋을 것 같아요. 아이가 스스로에게 집중할 수 있는 시간을 조금씩 늘려보는 건 어떨까요? 소소한 것부터 아이가 스스로의 행동에 성취감을 느끼고 그것으로 칭찬받는다면 아이는 자기 자신에게 조금씩 더 집중할 것 같아요. 그 격려는 엄마가 주도해서 해주시면 좋을 듯해요.

↳ **주니맘 님**

전 오히려 아이가 주변 사람들로부터 받은 사랑이 많아서 애착이 잘 형성되어 다른 사람에게 흥미도 보이고, 사람 좋아하는 걸로 보이는데요. 많은 사람들의 손을 탔지만 다들 아이를 사랑해주었고 그로 인해 아이가 행복했기에 낯선 사람에게도 자신 있게 다가가고 그 사람들도 자기와의 대화가 즐거울 거란 확신이 있는 걸로 보여요.

그러므로 simple life님 말씀대로 '자아존중감'을 키워주시는 게 더 중요하실 듯합니다. 지금 아이가 모든 사람과의 관계에 집중하고 있는 것 같아서요. 상대방이 화를 내는 상황을 맞이하더라도 '나와 내 의견은 소중하다' 하는 생각을 아이가 할 수 있도록 설명을 많이 해주시면 될 듯합니다.

↳ singularity 님

저는 이제 막 세 돌 지난 아들을 키우고 있는 워킹맘입니다. 아이는 어린이집을 다니고 있고요. 등원 준비나 하원 후 저녁시간 돌봄은 친정어머니의 도움을 받고 있습니다. 회사가 집에서 1시간 이상 걸리는 터라 아침 7시 전에는 집을 나서야 하고, 정시퇴근을 하고 집에 가도 8시 무렵이 됩니다. 잠자는 시간을 빼면 아이가 평일에는 할머니 댁에 있는 시간이 절대적으로 많지요. 가끔 저와 남편 모두 늦게까지 야근을 하게 되면 아예 잠도 할머니와 잡니다. 그래서인지 저희 아이는 집에서 할머니를 제일 잘 따르고 좋아합니다.

그렇다고 해서 엄마나 아빠를 멀게 느끼거나 잘 따르지 않는 것은 아닙니다. 저희 가족끼리만 있을 때에는 엄마 아빠 품에 안겨 뺨도 부비고, 애교도 부리곤 하는데 그게 저는 부족한 애착을 갈구하는 것으로 여겨지지는 않고, 그저 아이가 부모에게 부리는 자연스러운 어리광 내지 사랑의 표현으로 느껴집니다.

고민글을 주신 분의 아드님은 가족들의 충분한 사랑을 받아 애착형성이 잘된 아이인 것 같습니다. 거기에 더해 사람을 좋아하는 자기만의 천성을 타고난 듯도 보입니다. 그러니 너무 걱정하지 않으셔도 될 것 같습니다. 사랑이 넘쳐흐르는 아이의 모습에 오히려 흐뭇한 미소가 지어지던걸요!

> Re: **아이가 자신만의 '귀한 자질'로
> 건강히 성장할 것이라 믿어주세요**

저도 사랑스러운 아이라는 데 한 표! 공동육아나 대안학교를 가보세요. 아이들은 새로 온 사람에게 떼로 다가갑니다. 초롱초롱한 눈망울로 "누구예요?", "왜 왔어요?", "옷 색깔 예쁘다" 등 관심 세례를 퍼붓죠. '관계' 중심의 기관에 있는 아이들은 디지털 기계에 코를 박고 있지도 않고, 과제 등 해야 할 일에 치이지도 않아서 언제나 사람과 사람 사이에서 벌어지는 일을 살피고 그것에 최고의 관심을 쏟습니다. 그래서 같은 나이의 아이들인데도 유독 그런 기관의 아이들은 생기와 인간미가 철철 넘쳐 보이죠.

요즘에는 핵가족화가 되어 공동육아나 대안학교에 가야 이런 아이들을 볼 수가 있는데, 사실 이것의 원조는 '대가족'입니다. 대가족에서 고부관계는 며느리에게 고된 짐이지만, 그 틈바구니에서 아이들은 많은 혜택을 누리는 게 사실입니다. 때로 독단적일 수 있는 부모의 육아관도 다수의 의견 속에 중화가 되고, 아이들은 사람에게서 받은 상처를 (게임이나 물건에서가 아니라) 다시 사람에게서 위로받죠.

그 어느 때보다 '관계'가 메마르고 학원에서 주는 가짜 배움에 치여서 관계에서 오는 진짜 배움이 부족한 때에 저는 고민글을 적어주신 분의 아이가 아주 건강하게 잘 자랐다는 생각을 해요. 물론 유아 시절, 엄마가 좀 더 많은 시간을 함께해줄 수 있었다면 완벽했겠죠. 그러나 제가 늘 말하듯, 육아에 완벽은 없습니다. 주어진 여건 속에서 최선이 있을 뿐이죠.

두 부부와 조부모님과 사촌 형들 모두가 힘을 합치고 최선을 다해 아이를 선의와 천진한 호기심이 가득한 아이로 잘 키워냈다고 생각합니다. 이제 '엄마로서 제대로 충분히 돌보지 못했다'는 자책감을 거두고 뿌듯하게, 있는 그대로 아이를 바라보세요. 유독 사랑스럽고, 남을 도울 줄 알며, 예의까지 바른 아이가 자신의 그러한 장점을 다른 누구도 아닌 '엄마'에게서 인정받길 애타게 기다리고 있다는 걸 알게 되실 거예요.

대한민국 교육의 특성 때문에 아이가 커감에 따라 이런 문제는 겪을 수 있어요. 아이의 장점이 (관계나 인성을 중시하지 않고) 과제 성취도만 우선시하는 교육 기관에서 장점보다 문제점으로 지적받는 경우죠. 산만하다거나, 쓸데없는 것을 우선시한다는 등의 평가를 받을 수도 있습니다. 물론 좋은 선생님을 만난다면 '사랑스럽다'고 말씀해주실 거고요. 그 어느 경우에도 '내가 엄마로서 이래서 그랬나? 저래서 그랬나?' 생각하지 마시고, 아이가 자신의 '귀한' 덕목을 활용하여 스스로 앞길을 개척해나갈 것임을 믿어주세요.

스물세 번째 질문

예민한 아이의 관계 맺기, 엄마가 개입해야 할까요?

　저는 여섯 살 딸을 키우는 육아독립군 워킹맘입니다. 아이가 유치원에서 친구 관계로 문제를 겪고 있습니다. 몇 달 전부터 한 친구가 유독 자신을 무섭게 대한다며 여러 차례 하소연하더라고요. 아이의 말을 들어보면 자신을 무섭게 대한다는 친구가 또래들 사이에서 주도적으로 놀이를 이끄는 것으로 보입니다. 그 아이가 딸에게 "너는 빠져. 하지 말라니까" 하는 식으로 제지하니, 상처를 받는 것 같습니다. 그런 상황에 대해 딸은 "○○가 나에게 소리를 지르면, 내 마음에 뾰족한 꼬챙이가 들어온 것 같아서 아파"라고 표현한 적도 있네요. 안타까운 마음에 "그 친구가 우리 □□와 놀고 싶어하지 않는 것 같아. 대신 다른 친구와 함께 노는 건 어때?" 하고 말하면, 아이는 다른 친구들은 이미 다 각자의 친구들이 있어서, 자기가 함께 놀 사람이 없다고 대답합니다. 오히려 "○○는 재밌어 보이는 놀이를 한단 말이야" 하며 그 아이와 계속 어울리고 싶어해서 문제입니다.
　어느 날은 이런 일도 있었습니다. 제 딸이 그 친구에게 같이 놀고 싶다고 말했더니, '마'로 시작하는 단어를 말하면 놀이에 끼워주겠다고 해서 딸애가 '마이쮸'라고 대답했다고 합니다. 그랬더니 그런 건 안 된다며 놀이에 안 껴주겠다고 했다네요. 딸애는 그 아이의 행동에 대해 싫다, 기분 나쁘다 등의 표현을 하고 싶어도 막상 이야기하려면 마음이 너무 쪼그라들어서 한마디도 할 수 없다고 얘기합니다.

상담도 해보았는데, 담임선생님 말씀으로는 저희 딸애가 자기 의사를 잘 표현하지 못하고, 분쟁 상황에서 본인이 해결하기보다 선생님 도움을 지속적으로 요청하는 성향이 있는 것 같다는 정도로만 일축하시더라고요. 큰 문제로 생각하시진 않는 것 같았습니다.

제가 본 딸애는 표현력이 뛰어나고 섬세하지만, 한편으로 많이 예민합니다. 제 말투가 살짝만 달라져도 그 점을 이야기하며 많이 속상해하는 아이예요. 하지만 애교도 넘치고 유쾌한 부분도 많아, 있는 그대로의 성격을 받아주고자 애썼습니다. 엄마인 저도 아이와 비슷한 성향인 터라 아이의 그런 모습을 어느 정도 받아들이게 되더라고요.

기관생활은 네 살 때부터 했는데, 특별히 유별난 아이라는 평가를 받은 적은 없고, 무난히 잘 적응했던 편입니다. 다만 친구를 너무 좋아한 나머지, 친구들의 작은 행동과 눈빛, 분위기 등 많은 것들에 일일이 반응하느라 힘들어 보입니다. 저는 아이의 속상하고 지친 마음을 실컷 받아주기라도 하자 싶어, 함께 친구 흉도 봐주고 맞장구도 쳐주곤 하지만, 그렇다고 상황이 나아지진 않고 있습니다.

그리고 어느 순간, 아이의 하소연에 엄마인 제가 일일이 반응해 유치원에 연락하고, 상대 아이를 질책하고, 아이의 생활에 간섭을 하면 아이의 예민한 성격이 더 강화될 것 같단 생각도 들었습니다. 유난스러운 아이와 학부모로 낙인찍힐까 봐 걱정도 되고요. 일하랴, 살림하랴 정신없는 엄마가 이 주제만 나오면 진지한 얼굴을 하며 자기 이야기를 들어주고 위로해주는 상황이 반복되니, 아이가 어쩌면 관심을 받고 싶어 작은 일들까지도 하소연하는 게 아닌가 싶기도 합니다. 제 양육 방식에 문제가 있는 것인지, 아이의 기질 탓인 건지, 문제를 오히려 더 키우고 있는 것은 아닌지, 엄마로서 중심을 잘 잡고 싶은데 어찌할 바를 모르겠습니다.

> **명이 님**
>
> 딸 둘 키우는 엄마입니다. 큰딸의 성향이 글쓰신 분과 똑같아 저도 비슷한 고민을 했던 처지입니다. 저는 '아이 스스로 해결하는 것'으로 문제의 결론을 내렸습니다. 선생님께 큰 분쟁이 생기지 않도록 조정 역할을 해달라고 부탁드리기도 했었습니다만, 선생님의 대답은 결국 아이 스스로 관계의 문제를 해결해야만 능동적으로 다른 아이들과의 관계가 회복될 것이라고 이야기하시더라고요. 상대 아이 입장에서는 예민하고 사소한 것에 상처받는 제 아이가 불편하게 느껴지는 상대일 테니까요.
>
> 아이가 정확하게 자신의 의사를 표현하고, 그 방법을 스스로 찾을 수 있도록 옆에서 작은 조언 정도만 하시는 것이 어떨까요? 아이는 엄마가 키우는 게 아니라 스스로 크더라고요. 부모는 그저 아이가 안전

하고 편안한 분위기에서 자랄 수 있도록 따뜻하고 편안한 가정을 만들어주는 것, 아이가 건강히 숨 쉴 수 있도록 해주는 공기 같은 존재가 되는 것 말고는 할 수 있는 게 없단 생각이 자꾸만 듭니다.

친구 문제를 겪었던 큰아이는 꼬박 1년 넘는 시간이 걸리긴 했지만 이제 자기의 개성을 살려 친구들과 잘 어울립니다. 큰아이가 가진 손재주 덕분에 같이 어울리기 힘들어했던 친구들도 저희 아이에게 매력을 느껴서 이제는 서로 친하게 지내더라고요. 스스로 큰 산을 넘은 아이가 대견합니다. 모쪼록 호흡을 길게 가지셨으면 좋겠습니다. 엄마의 조바심이 아이를 불안하게 만들 수도 있으니까요.

수정이 님

지금 당장 괴로워하는 아이를 바라보고 스스로 이겨내도록 그저 뒤에서 응원만 해주기엔 엄마의 마음이 너무 아플 것 같습니다.

제가 생각하는 조금은 속물적이지만, 비교적 현실적이고 즉각적인 방법은, 고민글을 쓰신 분께서 '아이 친구의 엄마'와 연락을 주고받으며 가끔은 커피도 마시고 육아에 관한 이야기를 나누는 사이로 발전시키는 방법입니다. 그러면서 서로 아이를 데리고 만나기도 하는 거죠. 아이들은 따로 만나서 교류하는 시간과 횟수가 늘면 대체로 저절로 사이가 좋아지더라고요. 엄마들끼리 친해서 자주 만나는 사이면 아이들끼리도 나름의 유대감이 생기더라고요. (특히 여자아이들이 더 그런 것 같아요.) 이상적인 방법은 아니지만, 아이 스스로 관계 문제를 헤쳐나갈 수 있도록 도와주는 여러 가지 방법 중 하나는 될 수 있지 않을까 싶습니다.

> **Re: 아이의 시련을
> 있는 그대로 지켜봐주고 격려해주세요**

　아이가 문제에 처했을 때, 엄마가 잠시 그것을 객관화해 바라보는 것은 매우 중요합니다. "꼬챙이로 찌른 듯이 아파"라고 말하는 딸 앞에서 엄마라면 누구라도 일단 안 아프게 해주고 싶은 마음이 들 겁니다. 하지만 '진짜 꼬챙이'에 찔렸을 때에 엄마가 나서서 할 일과 꼬챙이에 찔린 듯이 느낄 때에 엄마가 할 일은 조금 다르니까요. 그러므로 일단 아이의 말에 감정적인 반응을 하기 전에 상황을 객관적으로 바라보기로 해요.

　한 번 유치원으로 가봅시다. 아이들이 노는 것을 멀찍이서 바라보세요. 엄마로서 내 아이를 바라보는 것이 아니라, 말하자면 참관인으로서 모든 아이들을 동시에 바라보는 겁니다. 많은 아이들이 있습니다. 어떤 아이는 놀이를 주도하고, 어떤 아이는 주도하는 아이의 의중을 착착 맞춰 같이 놀며, 어떤 아이는 아예 끼어들 생각 없이 구석에서 혼자 놀고, 어떤 아이는 놀이에 끼고 싶지만 요령 없이 주변을 맴돌기만 합니다. 아주 평범하고도 흔한 풍경이지요? 각각의 아이들은 저마다의 개성을 지닌 것일 뿐이고, 이 풍경 자체가 잘못되었다고 문제 삼을 사람은 없을 겁니다. 유치원 교사라면 아마 매해 비슷한 풍경이 연출된다고 말할 겁니다.

이 중 고민글을 주신 분의 따님이 마지막 유형의 아이이지요. 매해 이 풍경을 접하는 유치원 교사는 이 유형에 대해 아마 이렇게 말할 겁니다. "이 같은 성향의 아이는 용기를 끌어내든지, 자신을 효과적으로 드러낼 어떤 역할을 찾아내든지 해서 놀이 안으로 들어가게 됩니다." 하지만 이 시기가 언제일지는 교사라 해도 장담할 수 없습니다. 당사자인 아이 자신도 알 수 없죠. 올해 안으로 끝날 수도, 혹은 초등학교까지, 혹은 평생 이어질 수도 있습니다.

*

아이의 탄생을 한 번 생각해봅시다. 우리는 광고에 나오는 예쁜 아이의 얼굴을 생각하며 태교를 하지만, 막상 낳고 보면 아이가 들창코일 수가 있어요. 그러나 들창코라고 해서 자기 아이를 미워하는 엄마는 없죠? 그냥 무조건적으로 사랑스러울 뿐입니다. 게다가 들창코를 찬밥 취급만 할 필요가 없는 것이 다른 이목구비와 조화를 이루면 오히려 드문 매력을 지닌 얼굴이 될 수도 있습니다.

아이가 유치원이라는 조직 안으로 들어가는 것도 비슷한 탄생입니다. 거기서 아이는 엄마가 (집에서) 미처 예상하지 못했던 모습을 드러내죠. 가족이라는 단순한 관계를 떠나 복잡하고 다양한 관계에 반응하기 때문입니다. 엄마는 오똑한 코를 기대했지만, 아이가 관계를 맺는 방식이 의외로 '들창코'일 수 있습니다. 너무 예민하거나, 너무 개성이 강하거나, 너무 느리게 주변을 인식하거나… 이유는 많을 겁니다.

중요한 것은, 그 이유를 찾아 아이를 바꾸려 하는 것이 아니라 내 아이가 자신의 들창코를 최초로 드러냈을 때, 그것을 맘 편히 수용하는 부모의 자세입니다. 그것이 (탄생과 함께 드러나는) 외모이든, (사회생활과 함께 드러나는) 기질이든, (학교생활과 함께 드러나는) 재능이든 간에요. 갓 태어났을 때에도 "이 녀석 들창코네! 개성 만점이야!" 하는 엄마가 있고, "아, 짜증나. 코는 꼭 세워줘야겠어" 하는 엄마가 있을 겁니다.

아이의 사회생활을 보면서도 "네가 많이 예민하구나. 집에서라도 쉽게 해줘야겠구나" 하는 엄마가 있고, "왜 다른 애들처럼 잘 어울리지 못할까? 내가 못 살아, 정말!" 하며 못마땅해하는 엄마가 있을 겁니다. 학교 성적이 나왔을 때도 "이분이 공부는 적성이 아니군. 하지만 손재주가 있으니 그걸로 먹고 살겠지" 하는 엄마가 있고, "아휴, 쪽팔려, 너 커서 뭐 될래?" 하고 윽박지르는 엄마가 있을 겁니다.

*

지금 고민글을 주신 분의 따님은 자신의 모습을 드러내고 있는 겁니다. 그리고 세상에서 자신의 자리를 찾고 있는 겁니다. 세상의 모든 엄마들은 아이가 자신의 모습을 드러낼 때 그 모습이 예쁘길 바라고, 아이가 자신의 자리를 찾을 때 고생하지 않고 찾아내길 바랍니다. 그러나 그것은 한갓 엄마의 바람일 뿐, 아이는 한 독립적인 생명체로서 자신에게 주어진 모든 것을 활용해 실패하고, 이겨내고, 수모를 당하고, 인정받는 무수한 과정을 거치게 되죠.

이 과정에서 어떤 것이라도 엄마가 '덜어줄' 수 있는 게 있을까요? 없습니다. 아이는 독립적으로, 주체적으로 이 모든 것을 견뎌내야 합니다. 수모를 당하지 않은 아이? 절대 단단히 자랄 수 없어요. 실패해보지 않은 아이? 절대 성공할 수 없습니다. 아이가 겪는 시련과 좌절은 나이테를 새기고 튼튼한 나무가 되기 위한 과정입니다. 부모는 아이 인생에 끼어들어 아이의 성장을 방해하지 말아야 합니다. 엄마가 끼어들수록 상황은 복잡해질 것이고, 아이의 성장은 지체될 겁니다.

그렇다면 이 과정에서 엄마가 할 일은 아예 없을까요? 있습니다. 바로 엄마가 아이의 들창코를 '있는 그대로 받아들여주는' 겁니다. 이상적인 코를 들이대며 헛소리하지 않는 겁니다. 엄한 기준으로 아이를 좌절시키지 않는 겁니다. 아이와 자신을 동일시하며 부화뇌동하지 않는 겁니다. '엄마만의 들창코'를 보여주며 엄마는 '그래도 이렇게 잘 살고 있으니 괜찮아' 하며 건강한 모습을 보여주는 겁니다. 유치원에서 내내 예민한 촉각을 곤두세우고 돌아온 아이가 건강한 엄마 곁에서 쉬게 하는 겁니다.

아이에게는 힘들었던 자신의 말을 들어주고, "고생했구나, 괜찮아질 거야"라고 위로해주는 엄마, 그거면 충분합니다. 건강함은 반드시 전염됩니다. 건강하지 못함도 반드시 전염되죠. 그러므로 엄마의 할 일은 언제나 스스로의 건강함을 유지하는 겁니다. 그리고 그 건강한 힘으로 '대신 살아줄 수 없는' 아이 인생에 문제가 생겼을 때마다 (같이 좌절하거나 같이 혼돈을 겪는 것이 아니라) "힘들었지?" 위로해주고, "잘될 거야!" 희망을 주는 겁니다. 그러면 반드시, 아이는 성공적으로 나이테를 만들어 크고 튼튼한 나무로 성장합니다.

*

오해의 여지가 있어 사족을 조금 달자면, 제 말의 핵심은 유치원 안의 상황에 엄마가 개입하지 말라는 것입니다. '마이쮸' 에피소드 같은 것은, 여섯 살 그들만의 리그에서 지극히 있을 법한 일입니다. 아이들 사이의 강함과 약함, 딱딱함과 부드러움의 부딪힘이지, (엄마가 뛰어들어 막아내야 하는) '폭력'이 아니라는 것입니다.

더불어서 이웃님들의 댓글 중 유치원 밖에서 다른 놀이 기회를 갖게 해보라는 조언은 좋은 제안입니다. 다만 이때에도 이렇게 따로 노니 금방 좋아질 거야 하는 기대는 하지 마세요. 노는 모습을 들여다보며 전전긍긍하는 것도 금물입니다. 그건 성적 안 나오는 아이에게 과외 조금 시키면서 "너 과외하는데 왜 성적이 안 오르니?" 하는 것과 똑같습니다. 그저 실컷 놀지 못해 스트레스가 쌓인 아이가 측은해 순수하게 놀이의 즐거움을 느낄 수 있는 자유시간을 제공하는 정도로 생각해야 합니다. 왜냐하면 내 아이는 들창코고, 나는 그것을 있는 그대로 받아들이고자 하는 엄마이니까요.

스물네 번째 질문

아이가 리더만 되고 싶어하는데 어쩌죠?

이 밤에 조심스럽게 글을 쓰는 건, 제 맘이 답답해서입니다. 대장부 역할, 선생님 역할을 해야만 좋아하는 다섯 살 여자아이를 키우고 있습니다. 참고로 다섯 살이긴 한데 하는 행동이나 습득 능력은 (아이가 다니는 보육기관에서 이야기하길) 대략 여섯 살 정도 수준이라고 합니다.

역할놀이 같은 걸 할 때는 정말 진지하게 참여하고, 친구가 상황에 맞지 않게 행동하면 아니라고 가르치거나 이렇게 하는 거라고 알려주기도 하는데 그러다가 의견이 틀어지고 싸우기도 한다고 하더라고요. 그러다 선생님이 상황을 설명하고 사과를 권유하면 친구에게 미안하다고 또 먼저 사과할 줄 아는 아이라고 합니다.

한마디로 1등 하는 걸 좋아하고, 자신이 리드하는 걸 좋아하는 아이인데, 어떤 날은 친구들과 무난하게 잘 어울리다가도, 어떤 날은 곧잘 틀어지기 일쑤네요. 친구랑 놀고 싶어하고, 길에서 친구를 만나면 그 친구보다 더 반가운 표정으로 인사하며 달려가는 걸 보면 친구를 싫어하는 게 아니라 친구를 좋아함에도 불구하고 표현하는 방법에 있어서 자기가 주도를 하고 싶은 것 같아요.

"왜 친구한테 소리 질러!", "좀 기다려!", "너만 좋은 거 하면 안 되지" 등등 마음 같아서는 윽박지르고 싶은 순간이 참 많은데, 그저 마음속에 눌러 담고 있습니다. 아직 다섯 살이니깐 좀 더 기다려줘야 하는 건 알지만, 이 상태로 마냥 방치해두면 안 될 것 같아서 상황을 설명해주기도 하고, 친구랑 일대일로 놀게도 해보고 여러 시도를 하고 있어요. 혹시 비슷한 경험이나 극복담이 있으시면 말씀해주세요.

↳ **책읽는 축복맘 님**

> 저 역시 다섯 살 여아를 둔 엄마입니다. 조심스레 제 의견을 적어보자면 지금까지 제가 봤던 거의 모든 다섯 살 아이들이 그런다고 말씀드리고 싶어요. 성향상 리드하려는 기질이 강한 아이가 있기는 하나 지금은 '자기들끼리 해결'하도록 두심이 가장 좋은 것 같아요. 저 역시 가르치려고도 해보고, 그냥 지켜보기도 했는데, 엄마가 가르친다고 아이가 바뀌지는 않더라고요. 오히려 엄마와 관계가 나빠져서 다른 것도 괜히 엄마 마음과는 반대로 하려는 반항적인 기질을 키우게 되더라고요.
>
> 다만 혹여나 물리적인 행동을 동반해서 친구를 밀거나 때릴 땐 개입해요. "때리는 행동은 안 돼"라고 분명하게 말하고, "친구에게 너가 이렇게 행동해서 내 기분이 좋지 않다고 말하고, 잠시 그 자리를 피하는 것도 좋아"라고 대안을 알려주고요. 계속 반복해서요. 혼내는

> 게 아니라, 반복해서 설명한다는 느낌으로요.
> 제가 좋아하는 말 중에 '주목하면 강화된다'는 말이 있어요. 단점에 주목하면 그 단점이 강화되고, 장점에 주목하면 그 장점이 강화되더라고요.

↳ 물결 님

여섯 살 여자아이를 키웁니다. 순한 편이고 모범적이지만 역할놀이를 할 땐 리드하는 편이고, 심지어 친구의 대사도 지정해줍니다. 저는 아이에게 '마음 읽기'를 많이 해줬어요. "저 친구가 너에게 그렇게 하면 마음이 어떨 것 같아? 저 친구 마음도 소중해. 그런데 친구가 지금은 ○○가 시킨 대로 하고 싶지 않대." 이렇게요.

그렇게 네 살부터 반복적으로 마음 읽기를 해주니 지금은 상대의 의견을 물어볼 줄도 알고, 어떤 때는 타협점을 찾아내기도 합니다. 저는 양보도 해야 놀이를 계속 할 수 있다는 걸 알려줬어요. 계속 다투며 친구 마음을 아프게 하면 함께 놀 수 없다고 말해줬고요.

그리고 아이와 약속한 바는 번복하지 않았어요. 만약 친구와 놀면서 하지 않기로 미리 약속한 행동이 같은 상황에서 반복되면, 아이 손을 잡고 자리에서 일어났어요. 이때 상대방 엄마에게도 양해를 구하고, 상대방 아이에게 설명도 충분히 합니다. 그러고 "엄마하고 약속했었지? ○○가 이러이러해서 이제 친구와 함께 놀 수 없어" 하고 일어났습니다.

아이를 키우다 보면 엄마들의 작은 사회를 만나게 됩니다. 저는 무조건 아이가 스스로 해내길 기다리는 건 반대예요. 지금은 방법을 알려줘야 할 때인 것 같아요. 자기가 겪으면서 배우는 것도 중요하지만요. 저는 아이들 사이에 트러블이 있을 때 아이들끼리 해결하게 두라는 엄마들을 보면 대부분 자기 아이가 밀리지 않는 경우가 많다는 걸 느꼈어요. (제 경험으론 그랬어요.) 그 상황에 관여하는 엄마들을 예민하다고, 유난이라고 치부하는 것도 솔직히 불편하더라고요. 대신 아이에게 어느 정도 규칙과 기준을 적당히 알려주고 물러나준 뒤에야 지켜봐야 하는 것 같아요. 상대방에게 어떤 식으로든 피해를 준다면 적극적으로 관여하는 게 좋지 않을까 조심스레 의견을 남겨봅니다.

> Re:

'민폐' 지점에서만 개입하세요

앞글과 반대되는 상황이로군요. 어쩌면 앞에서 "마이쮸는 안 돼!"라고 말한 아이를 둔 엄마의 걱정일지도 모르겠어요. 이래도 걱정, 저래도 걱정인 우리 상전들….

이렇듯 다양한 아이들이 타고난 기질은 엄마가 혼내거나 안달한다고 해서 바뀌는 것이 아닙니다. 아이 스스로 자신의 기질적 특징을 깨닫고, 이를 원활하게 관계 속에서 작동시키는 법을 익혀야 하죠. 어마어마한 세월이 걸릴 겁니다. 어른도 잘 안 되는 부분이니까요.

하지만 앞글과 달리, 이 경우는 엄마의 개입이 조금 필요합니다. 내 아이가 독단적으로 놀이를 망쳐놓거나, 다른 아이에게 피해를 주는 '민폐' 지점이 바로 엄마가 나설 지점이지요. 언제나 개인의 특성보다 우선되어야 하는 것이 질서니까요.

먼저 엄마는,

- 놀이를 장악하기를 좋아하는 아이의 특징을 수용합니다. "너 왜 자꾸 이래?!"가 아닙니다. "넌 이렇구나"입니다. 들창코처럼.

• 문제상황이 발생하면 '지속적'이면서도 '담담하게' 아이에게 '그 상황에서 적절한 행동'을 알려줍니다. 예를 들어 아이가 규칙을 어길 때, "무엇 무엇을 하기로 했으니까 지금은 무엇 무엇을 해야 하는 거야" 하고 반복적으로 일러주고, "그렇게 하지 않으면 놀이가 계속될 수 없는 거야"라고도 (역시 반복적으로) 일러줍니다. 때로 약속을 어기면 놀이를 중지하고 집으로 돌아올 수밖에 없다고 미리 이야기하고 그 말을 지킵니다. 그날 잠자리에서 낮에 있었던 일을 이야기하고 다음엔 어떻게 하는 게 좋을지 이야기해보는 시간을 갖습니다.

• 아이가 겪은 상황과 관련된 교훈이 담긴 동화책을 읽어주고 등장인물의 입장을 함께 이야기해봅니다.

• 친구네 가기 전, 엄마와 딸이 인형을 가지고 역할놀이를 해봅니다. 혹은 친구를 만나고 돌아와서 벌어졌던 일들을 역할놀이로 재현해 봅니다. 아이에게 자신의 역할과 친구의 역할을 두루 재현하게 합니다. 이를 통해 친구가 어떤 느낌이었을지 생각해보도록 하고, 또 자신의 의사를 관철시킬 때에는 어떤 식으로 하는 것이 더 효과적일지 이야기를 나눠봅니다.

스물다섯 번째 질문
아이가 피해를 보는 상황, 엄마는 어디까지 나서야 하나요?

저는 여덟 살, 여섯 살 자매를 둔 엄마입니다. 작가님의 블로그를 우연히 알게 되었고, 제가 요즘 고민하는 문제에 대해 작가님과 여러 어머님들의 현명함과 지혜를 나누어 받을 수 있을까 고민하다가 이렇게 글을 써봅니다.

아이들은 어찌 생각하는지 모르겠지만, 저는 아이들과의 관계가 무척 좋다고 생각합니다. 육아의 흑역사가 있었지만, 스스로 노력했고, 얼마간 시간이 해결해준 것도 있어 요즘은 나름대로 행복하고 안정된 생활을 하고 있습니다.

그런데 얼마 전 저와 아이들 사이에 문제가 발생할 때는 항상 예기치 못한 '타자'가 존재했음을 알게 되었습니다. 누군가를 탓하려는 것은 절대 아닙니다. 다만 어떻게 행동하는 것이 저와 아이들, 그리고 그 예기치 못한 '타자'들을 위해 좋은 행동인지 판단하기가 정말 어렵습니다.

얼마 전의 일입니다. 놀이터에서 동생이 하원하길 기다리며 큰애가 놀고 있었습니다. 마침 제가 앉아 있던 바로 앞에 소위 '뺑뺑이'라고 불리는 놀이기구를 타고 놀던 한 남자아이가 막 그 놀이기구에서 내렸습니다. 딸애는 뺑글뺑글 돌아가는 그 놀이기구를 붙잡아 멈춰 세우고는 그 위에 막 올라타려는 찰나였습니다. 그때 방금 전까지 그 위에서 놀고 있었던 남자아이가 사납게 소리를 지르며 저희 딸에게 화를 내기 시작했습니다.

요약하면 "이건 내가 타던 거다. 그런데 너가 왜 너 맘대로 멈추느냐, 멈추려면 내 허락을 맡고 멈춰야지 네 맘대로 해서 되느냐"는 것이었습니다. 너무도 강압적인 그 남자아이의 말투와 행동에 저는 순간 당황했고, 저희 딸아이는 멀거니 서 있다가 뺑뺑이에서 손을 떼고는 웃는 듯 마는 듯 알쏭달쏭한 표정으로 그 옆의 미끄럼틀로 옮겨 갔습니다.

저는 심장이 막 뛰었습니다. 저의 본심은 딸아이가 그 남자아이에게 "이건 네 것이 아니다. 나도 탈 수 있다. 왜 네 맘대로 이래라 저래라 하냐" 하는 정도의 반응을 바랐던 것 같습니다. 남들에게 싫은 소리, 아쉬운 소리 하기 어려워하는 저는 잘못도 없이 또래에게 당하고 있는 내 아이를 위해 그 사이에 끼어들어 딸이 그 남자아이에게 해주기를 바랐던 말들을 내가 대신 해주어야 하나, 그 남자아이를 혼내주어야 하나, 생각만 하다가 아무 소리도 못하고 어영부영 아이와 함께 놀이터를 나오고 말았습니다.

문제는 아이들 사이의 갈등에 어른인 제가 끼어드는 것은 불공평

하다는 저의 평소 생각과 달리, 그 남자아이 때문에 받았던 불쾌함과 아무 잘못 없이 꿀 먹은 벙어리가 된 제 딸에 대한 원망을 이겨내지 못하고, 결국은 제가 딸을 혼냈다는 것이었습니다. "너는 왜 그런 상황에서 아무 말도 못하느냐"고 화를 낸 거죠.

그런데 사실 그 남자아이에게 아무 말 못한 것은 제 딸뿐만은 아니죠. 저도 아무 말 못했으니까요. 그렇게 내리 3일 동안 저는 아이의 소소한 문제들에 괜히 민감하게 반응하며, 그날 그 남자아이에게서 받은 제 스트레스를 제 자식에게 다 뒤집어씌우고 말았습니다.

참 어리석습니다, 엄마라는 사람이. 저는 그날 양심적인 어른인 척하다가 정작 잘못한 남자아이에게는 아무 소리 못하고, 애꿎은 제 딸만 족쳤습니다. 그날 그 남자아이에게 아무 말 못하고 말았더라도, "뭐 저런 놈이 다 있어" 하며 놀이터에서 상황을 끝냈어야 했습니다. 그러나 그러지 못했죠.

경쟁은 모유수유할 때부터 시작된다고 합니다. 하지만 저는 제 아이들이 다른 아이를 짓밟고 올라서기를 바라지 않습니다. 그저 너무도 평범한 저희 아이들이 순한 자신들의 천성을 받아들이고 사는 게 편하다면 그렇게 살아라 하는 마음입니다. 엄마는 마음이 아프지만 그 마음 아픔이 나의 몫이라면 나도 인내하마 하고 생각합니다. 그런데 과연 그게 옳은 건가요?

> **종달새 님**
>
> 순한 아이를 키우든 적극적인 아이를 키우든 다 상대적이니 엄마라면 누구나 한 번쯤 다 겪었을 마음이라는 생각이 들어요. 저는 글을 다 읽고 나서, 솔직히 아무 문제도 없는 상황이라고 느꼈어요. 저도 아이가 소심하다고 생각해서 마음고생 해본 사람이거든요. 그런데 과연 그렇게 드세게 나오는 아이랑 한판 붙어야 잘한 걸까요? 자리를 피한 건, 무의식 중에 현명하게 처신한 건 아닐까요?
>
> 결국 며칠 동안 아이에게 화난 마음을 다 풀어놓았다는 말씀에 격하게 공감하고 마음이 아팠습니다. 어쩌면 혹시 화가 났던 대상은, 거기서 조용히 물러난 자녀 분이 아니라, 어린 시절 아무 말도 못했던 내 모습, 그리고 억울했지만 도움을 받을 수 없었던 상황 등 지난 시간의 해묵은 감정들이 아닐까요?

> **느릿느릿 님**
>
> 아이가 어릴 때는 내 아이가 당하기만 하는 것처럼 보일 수 있지만, 어떤 경우에는 가해자가 되기도 해요. 피해자이기만 한 아이는 절대 없어요. 그리고 좀 더 '착한 가해자'도 없답니다. 가해자는 피해자 입장에선 다 나쁘죠. 그 사실만 잘 새기고 있어도 '엄마의 억울함'은 좀 누그러드실 거예요. (엄마의 억울함과 아이의 피해 또는 억울함을 구분해야 해요.)
>
> 그리고 아이를 '도와주는' 방법은 '개입'만 있는 것은 아니라고 생각해요. 그 상황이 끝난 후 아이와 함께 그 일에 대해 이야기하는 것도 아주 좋은 도움이라고 생각해요. 저는 항상 아이에게 엄마 도움이 필요하면 도와달라고 말하라고, 엄마가 항상 옆에 있다고 이야기해줍니다. 그러면 아이가 쉽게 쪼르르 엄마에게 달려올 것 같지만 막상 그렇지 않아요. 자기들이 스스로 문제를 해결하고 싶어하기도 하거든요.

> Re: **아이를 '가정 밖 사회'로 내보낼 때
> 아이에게 알려줘야 할 것들**

엄마가 아이와 같은 현장에 있을 때

• 아이들에게 관계를 겪을 기회를 줘라. 그러나 질서가 무너지는 순간에는 개입하여 알려줘라. 질서는 공공의 것. 내 아이, 네 아이 편을 갈라 감정을 개입시키지 말고, 그 상황에서 필요한 질서에 대해서만, 공공의 가치에 대해서만 명료하게 알려줘라.

• 아이가 이상적인 대처를 못했다고 해서 절대 다그치지 마라. 아이는 배우는 와중에 있다. 아이는 엄마와 개별적인 존재이다. 엄마에게 이상적인 대처가 아이에게도 이상적인 것은 아니다.

엄마가 현장에 없을 때

• 아이가 '힘들었던 일'을 엄마에게 들려준다면 '무조건' 공감해줘라. 공감할 때는 일자무식으로! 아이 마음속에 남은 앙금이 완전히 사라지도록 공감해준다. "우리 강아지, 속상했겠다! 이리 와. 엄마가 안아줄게", "고 녀석 진짜 괘씸하네! 다음에 엄마가 아주 혼내줘야겠

네!" 아이를 심판하지 말고 지적하지 마라. 사소한 일에서 자식의 머나먼 장래를 유추하여 염려하는 미련한 짓도 하지 마라. 자식이 속상할 때 엄마는 언제라도 위로를 주는 존재여야 한다. 아이들 다툼의 90퍼센트는 위로로 종료된다. 위로 끝에 "다음엔 ○○가 이러이러하게 해보면 어떨까?" 조언을 덧붙여준다.

• 위로로 종료되지 않는 나머지 10퍼센트의 다툼에 대해서는 먼저 아이가 도움을 원하는지 확인하라. 아이가 도움을 청하면 반드시 나서라. 나설 때는 절대 무식하지 않게! 최대한 절차를 밟는다. 엄마에게 아이는 절대적으로 소중한 존재이지만, 사실 아이의 언어는 주관적이다. 아이 말만 덥석 믿지 마라. 담임선생님 등 신뢰할 수 있는 관찰자의 의견을 청해 객관성을 확보하라. 객관적인 의견 역시 다툼의 상황을 문제적으로 판단한다면 관찰자, 상대 아이 엄마와 한자리에 모여 솔루션을 찾는다. 솔루션은 건설적으로! 상대 아이 엄마의 양육법을 비난하거나 머리채를 잡아서는 안 된다. 두 아이 모두 지금 매우 어설프게 관계를 배워나가는 중임을 기억하라.

• 내 아이가 혼자 해결 못하고 도움을 청하는 것은 못나서가 아니다. 당연한 일이다. 어른들도 부부싸움 하다가 전문가의 도움을 받으러 간다. 처음부터 수학이 쉬운 아이도 있지만 어려운 아이도 있다. 수학이 쉬운 아이는 또 그림 그리는 일을 어려워할 수 있다. 잘나

고 못난 것이 아니라, 아이마다 다를 뿐이다. 좀 더 훈련이 많이 필요한 영역이 있을 뿐이다. 수학이 어려운 아이에게 수학을 쉬워하는 아이와 같은 방식으로 가르칠 수는 없다. 내 아이가 관계에 어려움을 겪는 아이라면 엄마는 이를 속상해할 것이 아니라, 엄마가 해줄 수 있는 일을 꾸준히 해주면 된다. 오랜 시간, 인내심 있게, 공적인 영역과 사적인 영역에서, 적당히 개입하고 적당히 관망하며, 예시를 보여주고 연습할 기회를 주어야 한다. (어떠한 경우에도, '관계 영재'로 거듭날 헛꿈은 꾸지 않으며!)

*

정리가 제대로 되었나요? 편의상 '엄마가 현장에 있는 경우'와 '현장에 없는 경우'로 나누어 보았습니다만, 사실 가장 먼저 선행되어야 할 것은 이것입니다. 아이를 놀이터라는 최초의 '가정 밖 사회'로 내보낼 때 엄마는 아이에게 누누이 일깨워줘야 한다는 것. 놀이터처럼 조그만 사회적 공간이라 해도 거기에 발을 들여놓는 순간, 개인의 욕구보다 공공의 질서가 우선된다는 것, 사회의 공공선은 그렇게 유지된다는 것을요.

아이가 그렇게 어려운 말을 어떻게 이해하냐고요? 구체적으로 이런 거죠. 그네를 탈 때에는 먼저 온 아이와 나중에 온 아이 사이에 어떤 규칙이 작동되는지, 먼저 온 아이라 하더라도 얼마만큼 오랫동안 그네를 차지하는 것이 바람직한지, 혼자 타는 그네와 달리 뺑뺑이는 여럿이 함께 타기 위해 만들어진 놀이기구라는 것, 그러므로 누군가 타고 있는 뺑뺑이를 멈춰 세울 때는 어떤 신호를 건네야 하는지, 그때에 타고 있던 아이는 어떻게 반응해야 하는지, 미끄럼틀을 거꾸로 오르는 것은 창의적인 놀이방식인 건지, 아니면 다른 아이들에게 방해가 되는 행동인 건지…. 놀이터에서, 놀이터를 오가는 동안 수시로 그런 것들에 대해 아이와 이야기를 나눠야 하죠. 아이들은 귀에 못이 박히도록 반복해서 그 규칙을 익혀야 하고요.

'그렇게까지?' 네, 그렇게까지 해야 튼튼히 유지되는 것이 공공의 질서입니다. 그렇게까지 해야 보호받는 것이 공공의 선이죠. 자기보다 어린 아이, 장애우 등 사회적 약자들을 위한 자리는 그 노력의 틈바구니에서 비로소 마련됩니다. 놀이터에서의 사회적 규칙을 잘 익히면 어린이집에 가서도, 학교에 가서도 이것을 응용하고 확장할 수 있게 됩니다. 현재 우리 사회는 어른들부터 희박한 공공의식을 지니고 있습니다. 부모들은 놀이터가 '그냥 아이들 노는 곳'이라고 쉽게 생각합니다. 아이들은 '알아서 어울려 놀기 마련'이라고 또 쉽게 생각합니다. 그래서 내 아이가 그네에서 밀려나거나 그와 유사한 상황에 처했을 때, 엄마로서 어떻게 행동해야 하는지 혼란을 겪습니다. 공공의식이 부재하기 때문에 타인이 얽히는 상황에 따른 가이드라인 또한 흐릿해졌기 때문이죠.

대한민국은 더불어 사는 것에 대해 말하지 않고 잘사는 법에 대해서만 말합니다. 옳고 그름에 대해 고민하기보다 이기는 법에 대해 고민합니다. 학교에서는 조화롭게 어울리는 법보다 좋은 성적이 중요하고, 자연스럽게 놀이터에서는 조화롭게 어울리는 법보다 놀이기구를 차지하는 법이 이슈가 됩니다.

그래서 저는 엄마들이 지난 며칠간 제 블로그에서 '옳고 그름'에 대해 치열하게 고민하고 정성 어린 댓글을 다는 모습에 진한 감동을 받았습니다. 제가 늘 하는 말이지만, 휘둘리지 않고 고민하는 엄마들이 대한민국의 희망입니다.

*

이제 주제에서 좀 벗어나겠습니다. 사실 저는 이번 고민글과 댓글들을 읽는 동안 주제를 보다 크게 아우르는 두 가지 생각이 머리에서 떠나지 않았습니다. 하나는 우리 사회가 아이들을 받아들이는 방식에 대한 것이었죠. 다른 하나는 엄마가 아이의 특성을 받아들이는 방식에 대한 것이었습니다. 두 개는 서로 맞물려 있습니다. 어떻게 맞물려 있을까요?

먼저, 우리 사회가 아이들을 어떻게 받아들이는가? 약간 다른 예로 질문을 던져보겠습니다. 여러분은 '가난'을 개인의 문제로 보시나요, 국가의 문제로 보시나요? 개인 능력 중심의 사회에서는 가난을 개인의 문제로 받아들입니다. 가난한 자는 무능한 자이며, 경쟁에서 패배한 자일 뿐입니다. 루저를 돌보는 것은 국가적 낭비일 뿐이죠. 복지국가에서는 가난을 국가의 문제로 받아들입니다. 이들 삶의 여건을 개선해서 동등한 기회를 갖도록 끌어올리는 것이 국가의 책임이며, 이들이 루저로 남지 않도록 돕는 것이 장기적으로 국가적 손실을 줄이는 길이라고 보죠.

불행히도, 우리 사회는 전자입니다. 뼛속까지 개인 능력 중심의 사회죠. 이런 가치관은 아이들을 받아들이는 방식에도 고스란히 옮겨집니다. 질문을 던져보겠습니다. 아이는 공공의 것입니까? 개인의 것입니까? 공공의 것이어야 하죠. 우리들의 미래니까요. 하지만 우리 사회에서 아이들은 개인의 것입니다. 보육과 교육의 대부분을 개인의 부담으로 떠넘깁니다. 그중에서도 보육과 교육의 경쟁에서 살아남은 소수의 아이 개인에게만 사회적 안전지대를 허락합니다.

왜 제가 지금 '우리 사회'에 대해 이야기하느냐고요? 한 사회가 무엇을 조장하는지 그 구조를 알면 그 안의 구성원은 자신이 충동질 당하는 것들에 대해 보다 근본적인 원인을 찾아낼 수 있기 때문입니다. 엄마들이 '내가 왜 그랬지?' 자책하는 대신 '왜 그런 일이 벌어졌지?' 하고 사회적 원인을 찾게 되는 겁니다.

사실 놀이터에서 뺑뺑이를 두고 벌어진 해프닝은 전혀 고민거리가 될 사안이 아닙니다. 복지국가의 공동체적 가치가 살아 있다면 말이죠. 작은 아이에게는 뺑뺑이를 세울 때 할 말을, 큰 아이에게는 뺑뺑이를 세워야 하는 이유를 알려주면 간단한 일입니다. 아이들은 '나'의 미래가 아니라, '우리'의 미래이며, 그 전제하에서라면 뺑뺑이를 나눠 타는 아이들이 취해야 할 '공공의 선'은 명확해지니까요.

하지만 공동체적 가치가 전무하다면 '우리들의 아이'가 아니라, 내 아이가 되고 네 아이가 되니, 내가 남의 아이에게 어디까지 나서고 어디까지 나서지 말아야 할지가 혼란스러워집니다. 내가 관리 가능한 것은 내 아이밖에 없고, 그러므로 내 아이만 잡게 되는 것이죠. 나아가 내 아이가 손해를 보았을 때, 네 아이가 이득을 보았을 때의 상황을 수용하기 어려워집니다. 내 아이가 못난 것 같고, 네 아이가 잘난 것 같을 때 불안감이 솟아오르죠.

그냥 넘어가면 내 아이가 미래에 더 큰 손해를 볼 것 같고, 네 아이가 더 큰 이득을 볼 것이 두려워지기까지 합니다. 조금 과장해서 말하면 '지면 죽는다'가 우리 모두의 의식 속에 세뇌되어 있기에 아이가 뺑뺑이를 뺏겨 언뜻 진 것처럼 보이는, 그 작은 이슈가 결국 엄마 불안의 뇌관을 건드리고 아이를 '잡게' 하는 겁니다.

*

주제를 보다 크게 아우르는 두 가지 생각 중 두번째는 엄마가 아이의 특성을 받아들이는 방식에 대한 것이었습니다. 이것은 '사회'를 들먹일 것 없이 단순한 이야기로, 좀 더 나이 든 아이를 키우는 언니로서의 인생 조언인데요. 아이들은 클수록 점점 예상을 벗어나는 특징을 드러내기 마련입니다. 왜냐하면 어른들의 예상이란 매우 이상적인 것을 기반으로 하고 있기 때문이죠. 착하고, 예의바르며, 리더십 있고, 공부도 잘하는 식으로요.

그러나 아이는 점차 엄마와도 다르고 아빠와도 다른, 개별자로서의 특징을 드러냅니다. 너무나 당연한 이야기인데도, 부모는 자꾸 아이의 예상 밖 모습에 당황하고, 그것이 자신들이 원하는 모습이 아닐 때 서로 날 안 닮고 널 닮아 그렇다느니, 그것도 아니면 도대체 누굴 닮아 저런지 모르겠다느니 책임 소재를 찾아 헤맵니다. 금세기 최고의 과학자들도 답을 얻지 못한 유전학과 뇌과학 분야에 뛰어들어 결론을 내려는 식이죠.

부질없는 짓입니다. 우리가 알 수 있는 한 가지는 아이가 또 '다른' 하나의 존재일 뿐이라는 것. 자신만의 당당한 개성을 지닌 존재! 놀이기구에서 밀려날 때 알쏭달쏭한 미소를 짓는 일뿐만 아니라, 또래 아이들에게 욕설을 들었을 때에도 구석에서 담담한 얼굴로 순응하는 아이가 내 아이일 수 있습니다. 반에서 혼자 구구단을 못 외워도 전혀 부끄러워하지 않고 마냥 행복한 아이가 내 아이일 수 있습니다.

이 개인적 특성은 한 사회의 특징과도, 부모의 과거와도 때로 무관하게 나타납니다. 엄마들은 태교를 시작하면서부터 매우 이상적인 아이의 상을 그려놓고 아이가 성장 과정 중 그에 딱 맞는 모습을 하나씩 보여주기를 희망하지만, 현실은 그렇지 않습니다. 아니, 그렇지 못합니다. 우리가 매우 이상적인 결혼생활을 꿈꾸고 결혼하지만 막상 살아보면 그렇지 않은 것과 마찬가지입니다. 원가족도 내 뜻대로 되지는 않았지요. 내가 만든 가족도 마찬가지입니다. 남편도, 아이도, 뜻대로 되지 않는 것, 그것이 인생입니다. 우리의 인생 선배들 모두가 이미 잘 알고 있듯 말입니다.

그러므로 제발, 엄마는 아이에게 '뜻'을 갖지 말기 바랍니다. 애가 하는 대로 내버려두고, 애가 보여주는 대로 받아들입시다. 남에게 해를 끼치는 일만 아니라면 말입니다. 때때로 바람직한 방향을 가리키고, 그 방향으로 가는 데 필요한 것을 물심양면으로 지원할 순 있습니다. 하지만 그뿐입니다. 그 방향으로 안 간대도 하는 수 없습니다.

아이가 보여주는 것이 무엇이든, 그것이 시원찮은 것이어서 아이가 초라한 자리에 머문다면 더더욱, 아이의 고 자그만 성과를 함께 기뻐해주어야 합니다. 초라함 때문에 가장 괴로운 이는 누구보다 아이 자신이기 때문입니다. 엄마는 아이 성과의 크기를 측정하는 사람이 아니라, 아이 자존감의 높이를 지켜주는 사람이기 때문입니다.

*

두 가지를 언급했습니다. 두 개는 서로 맞물려 있습니다. 사회가 육아와 교육의 많은 부분을 책임지고 받아들일수록, 엄마는 아이의 생긴 그대로를 받아들이기 쉬워집니다. 아이가 하나의 독립된 존재로서 사회에 예비된 다양한 자리 가운데 하나를 알아서 찾아갈 수 있도록 제도의 도움을 받을 테니까요.

반면 아이를 키우는 일이 오롯이 개인의 몫이 될수록, 아이의 미래가 내 미래로 여겨질수록, 부부의 불안한 노년과 맞물릴수록, 엄마는 예상에서 벗어나는 아이를 질책하고 정해진 성공의 길에서 벗어난 아이의 모습을 부정하게 됩니다. 이것이 지금 우리의 자화상입니다.

대한민국에서는 내 아이가 피해를 보지 않았으면 하는 부모의 그 마음이, 결국 온갖 편법을 동원해서라도 좋은 대학에 보내고야 마는 이기심, 그 뒤 취업과 결혼을 비롯한 인생의 대소사에까지 이어지는 부모의 이기심과 기어이 일맥상통하고야 마는 면이 있습니다. 생태계의 모든 부모는 자신이 속한 사회에서 살아남는 법을 자식에게 가르치게 되어 있습니다. 북한에서는 당에 충성할 것을 가르치고, 남한에서는 경쟁에서 이기는 법을 가르칠 수밖에 없을 겁니다.

그러나 시대를 막론하고 부모의 진정한 역할은 시대의 구조를 읽고 활용하는 법과, 그것을 넘어서는 항구적 진리를 믿는 힘, 이 둘 사이에서 중심을 잡고 둘을 고르게 아이에게 전수하는 데 있다고 생각합니다. 그런 의미에서 저는 대한민국에서 부모의 역할을 좀 뒤집어보면 어떨까 합니다. 아이가 어릴 때는 내 아이가 상처받을까, 괴롭힘당하지 않을까 '정서적'인 것에 지나치게 관심을 기울이고, 아이가 커서는 '공부' 외의 모든 것에 지나치게 모르는 척하는 것. 이 희한한 부모의 변심을 뒤집어보자는 거죠.

어릴 때에는 아이 정서에 덜 관심을 기울이고 아이가 관계를 충분히 겪도록 기회를 주다가, 아이가 10대가 되면 (공부 말고!) 아이 정서에 더 관심을 기울여 아이가 지독한 입시 위주의 사회에서 정신 건강을 지킬 수 있도록 말입니다.

스물여섯 번째 질문
아이를 향한 타인의 관심,
어디까지 허락해야 하나요?

　20개월 터울의 자매를 키우는 엄마입니다. 작가님 블로그를 조용히 보기만 하다가 작은 사건 하나가 생겨서 이렇게 글을 올려보아요.
　사건은 얼마 전 제가 작은 모임을 가진 카페에서 일어났어요. 엄마들끼리 얘기하고 있는 중에 옆에서 아이들은 저희 근처를 크게 벗어나지 않은 범위에서 돌아다니고 있었어요. 그때 지나가시던 약간의 시각장애를 가지고 있으신 분이 아이들을 보더니 인사를 하시더라고요. 이제 18개월, 20개월인 아가들은 모르는 분이 인사해서인지 아니면 놀다가 그냥 놀란 건지 엄마들한테 뛰어왔고요. 그분은 당신 때문에 아이들이 놀란 것 같다고 미안하다며 인사하고는 가셨어요.
　그런데 모임이 다 끝나고 잠시 화장실을 다녀온 사이, 그분이 어디선가 또 나타나셔서는 아이들에게 다시 인사를 건네시며 저희 딸에게 초콜릿을 주고 싶다 하시더라고요. 전 "감사하지만 아직 어려서 초콜릿은 먹지 않는다"고 이야기를 드렸고요. 그런데도 주머니에서 초콜릿을 꺼내서 아이에게 주시더라고요. 그래서 어차피 건네주신 거고, 주시고 싶은 마음을 거절할 필요는 없겠다 싶어서 "감사합니다"라고 인사했는데, 이번에는 그분이 아이에게 "초콜릿 줬으니 아저씨 뽀뽀" 하면서 볼을 내미시더라고요. 말리고 할 새도 없이 아이는 아저씨 볼에 뽀뽀를 해주었습니다. 뒤이어서 동생네 아이가 오자 그 아이에게도 주머니에서 한라봉을 꺼내주시면서 제 딸아이에게 한 것처럼 "아저씨 뽀뽀" 하면서 볼 뽀뽀를 받으시더라고요.

밖에 나오자마자 동생은 자기 딸에게 "모르는 아저씨한테 뽀뽀하면 어떻게 하니" 하면서 손수건을 꺼내 입술을 닦아주고 이어서 제 딸의 입술도 닦더라고요. 모임에 동행한 친구도 이모한테는 뽀뽀도 안 해주는 애들이 모르는 아저씨한테 뽀뽀하냐며 한마디 했습니다. 동생은 저에게 "언니는 이 상황이 괜찮아요?"라고 물었습니다. 딸아이를 챙겨야 했던 터라 바로 답하진 못했지만, 순간 당황스럽긴 하더라고요. 그냥 나쁜 사람이 아니길 바라는 마음으로 딸아이를 안고 물어봤어요. "아까 그 아저씨 좋은 아저씨야?" "응." "그랬구나. 그런데 ○○야, 그래도 모르는 사람에게는 뽀뽀하지 마, 알았지?"

그날 이후 궁금증이 생겼습니다. 도대체 그런 상황에서는 어떻게 해야 할까요? 얼마 전엔 아이와 함께 전시회를 갔었는데 할아버지 한 분이 아이가 귀엽다며 사진을 찍으시더라고요. 사진 찍으실 때는 말씀을 못 드리고 다 찍고 나신 후 할아버지께 사진은 좀 지워달라고 말씀드린 일도 있었어요. 할아버지께서 지웠다고 말씀은 하셨는데 여전히 찜찜하긴 하더라고요.

어제는 평소 블로그에 육아 관련 글을 올리시는 이웃 분이 걱정이 많아졌다고 이야기하시더라고요. 소아성애 범죄 소식도 심심치 않게 들려서 아이들 사진은 '서로이웃'에게만 공개하는 것으로 바꾸겠다고도 하고요. 그런 이야기를 듣고 나니 제가 겪었던 일련의 사건이 제 안에 더더욱 큰 고민으로 변하고 있는 터라 작가님께 조언을 구해보고 싶어서 이렇게 글을 드리게 되었습니다. 좋은 마음으로 살아가기에 점점 힘든 사회가 되고 있는 것 같아서 좀 슬프네요.

↳ Dana 님

고맙다는 답례의 표현과 타인과의 친밀한 접촉은 구분해야 한다고 봅니다. 더군다나 성추행이라는 것은 권력관계 속에서 약자가 피해를 입는 상황입니다. 그러므로 고민글을 주신 분의 상황에서라면 더더욱 아이에게 뽀뽀는 하지 말아야 한다, 싫다고 말해야 한다 등 거부 의사를 표현하는 법을 가르쳐야 합니다. 이런 식으로, 무언가를 받았기 때문에 (신체적 접촉을 허락하는 방식 등으로) 답례를 해야 하는 상황을 수용하고 나면, 아이가 그다음부터 비슷한 상황에서 자동적으로 그런 식의 응대를 당연하게 여길 것 같습니다. 그러므로 처음부터 단호하게 잘 알려줘야 한다고 생각합니다.

↳ 지아 님

글을 읽고 나니 마음이 이상해지네요. 혼란스럽달까. 저는 다섯 살짜리 손녀가 있는 할머니예요. 딸 키울 적이 고작 몇십 년 전인데, 요즘은 생각지도 못했던 것들로 신경이 많이 쓰입니다. 처음 보는 사람이 다짜고짜 몇 살이니, 이름이 뭐니 하며 손녀 손을 잡기도 하고, 볼 만지면서 뽀뽀하자고 하는 사람도 있고, 그러고는 껌 주고 사탕 주고,

대답 안 하면 "너 깍쟁이구나? 요즘 애들은 쯧쯧…" 그럽니다.

저도 전에는 길에서 애들을 보면 귀여워서 예쁘다, 몇 살이냐 묻곤 했는데, 손녀딸이 그런 걸 겪는 걸 본 후로는 그냥 조용히 지나갑니다. 심지어 바닥에 떨어진 걸 주워 먹는 애를 봐도 뭐라고 어찌하지 못합니다. 내 손녀를 비롯해 아이들에게 어떻게 교육시켜야 하는지, 다른 집 아이들을 어떻게 대해야 하는지 저도 참 궁금합니다.

↳ 콩나물기린 님

뽀뽀가 아니라 머리 쓰다듬는 것도, 볼 살짝 건드리는 것도 외국에서는 절대 안 돼요. 타인에 대한 경계는 아이의 성별이 무엇이냐에 따라 다른 기준을 적용할 순 없다고 생각해요. 저 역시 다른 모르는 아이들을 만났을 땐 여러모로 조심하게 돼요. 아이들 어릴 땐 이런 부분은 무조건 부모가 통제해야 된다고 생각합니다.

↳ 참참참 님

아이의 안전을 책임져야 하는 의무와 타인에 대한 신뢰를 가르쳐야 하는 의무가 함께 행해져야 할 숙제인 것 같아요.

우선 저라면 엄마가 있는 상황에서는, 아이가 하고 싶은 대로 해도 안전하다고 일러주고 싶어요. 엄마가 없다면 건네주는 것을 사양하라고 가르치는 게 필요하고요. "엄마에게 물어보고 받아야 해요"라고 말했을 때 그 어른이 좋은 사람이라면 너의 거절을 이해해줄 수 있을 테니, 그걸 믿고 용기 있게 말하라고 해야겠지요.

타인의 호의를 수용하든 거절하든 아이가 타인에 대한 믿음을 가질 수 있도록 가르친다는 걸 전제로 하는 게 가장 이상적이지 않을까 합니다.

> Re:
아이에게 필요한 것은
차단이 아닌 교류입니다

사랑스런 유아에게 애정을 표현하고 싶은 것은 인간의 본능입니다. 그 본능 아래, 대대로 힘없는 어린 존재들이 어른들로부터 대가 없는 보살핌을 받고 무사히 성장해왔습니다. 어른들은 이 본능적인 애정을 어떻게 적절히 표현해야 할 것인가? 엄마들은 이 애정에 아이들이 어떻게 적절히 대응하도록 할 것인가? 이것이 질문이었습니다. 그런데 깜짝 놀랐습니다. 타인과 유아 사이의 '적정한 거리'에 대해 물었는데, 댓글의 대부분이 잠재적 '범죄', 그리고 이를 예방하기 위해 완전한 '봉쇄'를 언급했기 때문입니다. 타인에 대한 이 밑도 끝도 없는 불신은 대체 어디서 기인한 걸까요?

대한민국은 사실 범죄로부터 꽤 안전한 편에 속하는 나라입니다. 그래서 저는 이 과민한 반응을 여러 각도에서 이해하려고 노력해보았습니다. 첫째, 이곳은 거의 모든 사람들이 유난히 오랜 시간 미디어를 접하는 곳이다. 24시간 실시간으로 보도되는 각종 범죄에 대한 경각심과 공포가 상대적으로 더 클 수 있다. 둘째, 급격한 서구화와 경제 발전이 있었다. 이전엔 경시되었던 부분(가정폭력, 성추행 등)에 대한 선진적 인식이 막 활발하게 자리 잡는 중이다. 그러므로 그 체감온도가 필요 이상으로 높을 수 있다. 셋째, 세대 간 문화적 격차가 큰 곳이다. 같은 표현을 놓고도 세대 간에 다른 해석이 있을 수 있다.

그렇다 하더라도 이 두려움과 각박함의 근원을 설명해주기에는 역부족이더군요. 당장 이곳이 전쟁이나 게릴라의 포화가 난무하는 곳이 아닐진대 말입니다.

또 한 가지 제가 놀란 점이 있었습니다. 엄마들에게 사회적 약자에 대한 인식과 배려가 결여되어 있다는 점이 그것이었죠. 유아만이 약자가 아닙니다. 시각장애인도 약자입니다. 특히 시각장애인의 경우, 정보를 받아들이는 방식이 시각 대신 다른 감각에 많이 의지할 수밖에 없습니다. 대상을 손으로 더듬거나, 냄새를 맡아보는 등 나머지 정상 감각을 적극 활용해 상대방과 주변을 이해합니다. 물론, 시각장애인의 이런 '탐색'은 사회적으로 용인된 경계 안에서 이루어져야 합니다. 하지만 그 탐색의 경계가 정안인(정상 시각을 지닌 사람)과 동일하게, 엄격하게, 적용될 수는 없다는 점을 양해해야 합니다.

논점은 세 가지였습니다.
❶ 낯선 이가 먹을 것을 아이들에게 주었다.
❷ 그런데 그는 시각장애인이었다.
❸ 그가 대가로 뽀뽀를 요구했다.

❶ '낯선 이가 먹을 것을 아이들에게 주었다'의 경우, 엄마는 둘 중 하나를 선택할 수 있습니다. 귀여운 아이를 향한 호의를 기분 좋게 받아들이고 아이에게 감사를 표현하는 법을 가르친다. 반대로 원치 않는 호의를 거절하고 아이에게 타인은 비위생적이며 위험한 존재라는 것을 가르친다.

전자의 경우, 아이는 세상의 포근함을 느낄 겁니다. 고민글 속의 에피소드는 엄마, 아이, 아저씨 모두에게 기분 좋은 순간으로 기억될 겁니다. 후자의 경우, 아이는 세상의 위험을 감지할 겁니다. 똑같은 에피소드가 모두에게 불쾌한 순간으로 기억될 겁니다.

❷ '그런데 그는 시각장애인이었다'의 경우, 역시 엄마는 두 가지 다른 생각을 할 수 있습니다. 시각장애인이 선물을 받은 아이들이 좋아하는 모습을 (시각이 아닌 방식으로) 확인하고 싶어할 수 있다는 생각. 반대로 하필이면 시각장애인이라서 아이에게 초콜릿 준 것을 뭐라고 하기가 더 곤란해졌다는 생각.

전자의 경우, 엄마는 ❸ '그가 대가로 뽀뽀를 요구했다'라는 일이 일어나지 않게, 혹은 보다 적절한 형태로 유도할 수도 있을 겁니다. "아저씨는 눈이 잘 안 보이시니까 감사의 의미로 한 번 악수해드리자." 먼저 아이에게 이렇게 말할 테니까요. 후자의 경우, 엄마는 ❸번의 일이 벌어졌을 때 더더욱 당황했을 겁니다. 그래서 밖으로 나와 수건으로 아이 입을 닦으며 왜 그랬냐고 닦달했을 겁니다.

전자의 아이는 그날 집으로 돌아가, 아빠에게 낮에 만났던 '남다른' 아저씨 이야기를 신나게 할 겁니다. 아저씨에게 선물을 받았는데 그 아저씨 눈이 안 보여서 자기가 어떻게 인사를 했는지도 자랑스럽게 전하겠지요. 이제 아이의 세계에는 시각장애인이라는 특별한 사람이 새롭게 등장했습니다. 그리고 이 새로운 사람들과는 어떤 방식으로 소통해야 하는지 배웠습니다.

후자의 아이는 그날 집으로 돌아가 아빠에게 시무룩하게 말할지도 모르겠습니다. 낮에 나쁜 아저씨에게 뽀뽀해서 엄마에게 혼났던 이야기를요. 아이의 세계에는 새로 등장한 것이 없습니다. 차단해야 할 대상의 목록만 늘어났죠.

댓글에서 언급된 성교육 방식들은 대체로 옳습니다. 때에 따라 자신의 몸에 대한 그 어떤 요구에도 "노!"라고 말할 줄 알아야 하고, 그것을 위한 교육은 지속적으로 이루어져야 합니다. 하지만 엄마 자신이 성교육 시간과 아이가 세상과 교류할 시간을 헷갈려서는 곤란합니다. 이곳은 프랑스 파리가 아닙니다. 예, 그곳에선 공원에서 놀고 있는 아이들에게 카메라를 들이대기만 해도 보호자가 강력히 항의합니다. 아동성애에 대한 여러 사건들이 오래 있어왔기 때문입니다.

우리도 같은 위험에 노출되어 있으니 그렇게 되어야 한다고요? 그럼요. 사진을 찍지 말라고 요구할 권리는 누구에게나 있습니다. 불쾌하다고 느껴질 때는 찍지 말라고 하거나 삭제를 요구하면 됩니다. 하지만 저는 (사진을 찍는 것뿐 아니라) 아이를 향한 타인의 관심 자체를 일관되게 '삭제'하는 식의 대처가 가뜩이나 삭막해지는 사회에서 아이들을 보호하는 답이라고는 생각하지 않습니다. 아이들이 살아갈 미래를 위한 답이라고는 더더욱 생각하지 않고요.

이곳은 아시아이고, 공동체 문화가 깊숙이 오래오래 자리 잡아왔던 곳이며, 아직도 많은 부분 개인보다 가족을 중심으로 사회가 구성되어 있습니다. 공동체가 파괴되었다고는 하나, 그 시절을 살았던 어른들은 여전히 내 아이 네 아이 가리지 않고 아이를 귀여워하고 보살피려는 염을 냅니다. 그것은 하루빨리 사라져야 할 문화가 아닙니다. 다양성 속에서 존중받아야 할 문화이고, 요즘 같은 때 더욱 그립고 절실해진 문화이기도 합니다.

타인에 대한 불신이 팽배한 사회에서 불신을 줄이기 위해서 할 일은 삭제와 차단이 아닙니다. 교류와 신뢰입니다. 물론 엄마들의 고민을 이해합니다. '그렇게 모르는 사람이 주는 걸 막 받아먹게 하면 범죄자의 요구에도 순순히 응할 것이고 그럼 범죄에 노출될 확률도 더 높아지지 않겠느냐?' 아니오. 꼭 그렇지는 않습니다.

한 번 이렇게 생각해봅시다. 영화에는 예술영화도 있고 포르노도 있습니다. 포르노가 있기 때문에 영화를 볼 기회를 아이 인생에서 빼앗아야 할까요? 아니면 좋은 영화를 어릴 적부터 많이 보게 해서 막상 포르노를 접했을 때, '헉, 뭐 이런 너저분한 게 다 있어?' 하는 판단을 할 수 있도록 하는 게 나을까요?

타인과의 만남도 마찬가지입니다. '나쁜 것과의 만남'을 우려하는 엄마의 마음이 앞서면 아이는 협소하고 빈약하게 자라납니다. 이 아이가 협소하고 빈약한 '사람 데이터'를 지니고서 진짜 범죄자를 만났을 때 과연 제대로 구분해낼 수 있을지 의문입니다.

'좋은 것과의 만남'이 주는 힘을 믿는 엄마라면 아이를 다양한 체험 속에서 놓아두고 스스로 판별력을 키우도록 도울 겁니다. 이 아이가 음흉한 사람을 만나면 자신이 기존에 만들어둔 '사람 데이터'를 활용해서 점검할 수 있겠죠. "저 아저씨는 참 좋은 사람 같아", "저 아줌마는 이상해. 말을 예쁘게 하지 않는 것 같아." 이런 판단력은 엄마의 주입과 차단에서 오는 게 아닙니다. '부지런한 접촉'이라는 공부에서 옵니다. 선의를 접해본 사람만이 악의를 구분할 수 있죠. 다양한 관계 맺기와 주고받는 체험 속에서 아이는 미묘한 대응법과 대처 방식을 하나씩 터득합니다. 엄마는 아이가 온전하게 '사람 데이터'를 확보할 때까지 제대로 된 공부가 가능하도록 적절한 거리에서 지켜보고 적절한 만큼만 도와야 합니다. '적절한 만큼'이 중요하겠죠.

명백히 께름칙하게 느껴지는 사람, 혹은 께름칙한 접촉의 방식… 이런 것은 주저하지 말고 막아서야 할 겁니다. 때로는 막아서지 않더라도 지혜로운 대안을 제시해서 서로 곤혹스러운 상황을 면할 수도 있을 겁니다. 이미 아이가 께름칙한 접촉을 해버렸다면 따로 얘기하는 시간을 갖고 진지하게 주의를 주어야 할 겁니다. 그러나 다가오는 모든 기회를 안전이라는 이름으로 차단하지 마세요. '안전'은 정말로 중요하지만, 부적절한 영역까지 안전이라는 이름으로 과도하게 제한되면 인간적이고 역동적인 삶이 숨 쉴 공간을 잃습니다.

저는 오대양 육대주의 가장 가난하고 비위생적인 곳을 돌며 온갖 더럽거나 깨끗한 손으로 내밀어지는 듣도 보도 못한 음식들을 스스럼없이 받아먹었습니다. 독약도 아니고, 사람이 먹는 음식을 나눠준 건데 뭐 별일 있겠나 싶었기 때문이죠. 무엇보다 낯선 제게 조건 없이 내밀어진 정성이 고마웠습니다. 아이도 그런 저를 보며 스스럼없이 받아먹었죠. 비단 음식뿐 아니라, 그들이 내미는 모든 것을 그런 식으로 받았습니다. 그래서 무엇을 얻었냐고요?

한두 번의 배탈, 한두 번의 배신, 그리고 어마어마한 양의 '세상의 베풂'을 믿는 마음을 얻었습니다. 받은 만큼 나도 돌려주고 싶다는 마음을 얻었죠. 중빈이가 쓴 책,『그라시아스, 행복한 사람들』에서 제가 가장 좋아하는 구절도 바로 그것과 관련된 부분입니다.

"나도 세상을 보고 기억으로 가져가지만
나도 세상에게 줄 수 있는 게 있어서 좋다."

고민글의 에피소드에서 아이가 얻은 것은 '초콜릿' 하나뿐만이 아닙니다. 나는 사랑스러운 존재라는 인식입니다. 나는 사랑받아 마땅한 존재라는 자신감입니다. 대가 없이 선물을 건네는 사람에 대한 감사입니다. 사회적 약자와 함께하는 겪기 드문 교류의 순간입니다.

기분 좋게 먹고 망설임 없이 답례한 아이의 입을 박박 닦아, 타인의 손끝에 놓인 이 초콜릿이 '나한테 필요한지 필요하지 않은지'만을 계산하는 사람으로 키우지 마세요. 혹은 '이딴 걸 조건 없이 내밀리 없으므로 저 사람은 나쁜 사람이다'라고 생각하는 사람으로도 키우지 마세요. '초콜릿을 매개로 이 사람의 마음과 내 마음이 잠시 만났다'라고 느낄 기회를 주세요. 그렇게 아이가 나누는 즐거움을 배우고, 나아가 그런 즐거움을 나누는 사람이 되게 하세요.

엄마들의 생각은 중요합니다. 엄마가 타인에 대해 지닌 생각이 고스란히 아이들에게 전이되기 때문입니다. 그리고 다시, 아이들이 지닌 생각이 고스란히 아이들이 살아갈 미래를 만들기 때문입니다. 타인은 세균 덩어리가 아닙니다. 위험 폭발물도 아닙니다. 체온과 마음을 지닌 존재들입니다. 당신과 나, 그리고 우리 아이들처럼.

↳ **Tess 님**

제 생각은 조금 다릅니다. 그 시각장애인이 할머니셨다면 저는 작가님의 말씀에 공감했을 것 같습니다. 그러나 미디어를 통해 접한 뉴스가 아닌, 실생활에서 제가 마주쳤던 직·간접적인 성범죄자들을 떠올려봤을 때, 여자아이에게 남자 어른을 경계하라고 말하는 것은 지나친 경계나 의심이 아니라고 봅니다.
좋은 옆집 아저씨였지만 주변에 아무도 없자 순식간에 자신의 성기를 만져보라고 했던 사람도 있었고, 마음씨 좋은 경비원 할아버지였지만 아이를 무릎에 앉혀놓고 여기저기를 주무르기도 합니다. 이런 경우에 처했을 때, 어린아이가 상황 판단을 잘 할 수 있을 것 같진 않습니다. 일이 벌어지고 난 후에도 나쁜

> 일이 벌어진 건지, 예쁨을 받은 것인지 아이는 모를 겁니다.
>
> 저는 평범한 중산층 가정, 나름대로 안전하고 좋은 환경에서 자랐습니다. 그럼에도 불구하고 제가 겪은 일들을 되돌아볼 때, 세상에 안 좋은 의도를 가진 남자 어른은 정말 많습니다. 저는 작가님의 답글을 읽고 딸 가진 엄마들이 마음 놓는 일이 없으셨으면 좋겠습니다.

Re:Re:

격리와 경계는 궁극의 해결책이 아닙니다

보충설명이 필요한 것 같아 다시 답글을 답니다. 무엇을 걱정하시는지 압니다. 하지만 이렇게 생각해봅시다. 여성이 남성의 강간이나 추행으로부터 자유로운 적이 역사상 단 한 번이라도 있었던가요? 평범한 중산층, 안전하고 좋은 환경… 저 역시 그랬습니다. 그럼에도 불구하고 여자로서, 입에 담기도 싫은 다양한 성추행을 경험했죠. 성추행의 개념조차 없던 시절이라 대략 열두 살 정도부터 스물여섯 살까지 당했던 것 같습니다. 그 이후부터는 스스로 대처 매뉴얼을 개발해 물리쳤기에, 더 이상 없었죠.

그런 추한 경험들이 여성으로서의 제 영혼을 잠식했느냐 하면 그렇지는 못했습니다. 그보다 더 좋은 사람들과의 더 좋은 경험들이 어쩌다 벌어지는 안 좋은 경험을 치유해주었기 때문입니다. 생의 모든 안 좋은 경험들은 그런 식으로 치유되곤 하죠. 덕분에 저는 한밤에도 두려움 없이 달빛을 음미하러 홀로 걸어 나갈 수 있었고, 세상에 대한 호기심을 안으로 가두어 두지 않을 수 있었죠.

똥은 어디에나 있습니다. 인간이 있는 모든 곳에 있죠. 그렇기에, 중요한 것은 똥을 완벽하게 피해 가느냐의 여부보다 똥을 밟았을 때 "에잇, 재수 없어!" 하고 떨쳐버릴 수 있는 힘을 지녔는가의 여부입니다.

그 힘은 똥을 피하기 위해 다른 모든 것으로부터 스스로를 격리시키는 데서 오지 않습니다. 똥도 밟아보고 꽃향기도 맡아보는 사이에 조금씩 자라나는 것입니다. 실은, 단순히 성추행뿐만 아니라 생의 모든 역경이 같은 방식으로 극복됩니다. 딸을 키우시는 엄마들일수록 한 번 더 생각해보시기 바랍니다.

스물일곱 번째 질문

아이가 커갈수록 더 걱정되는 마음, 엄마로서의 최선은 어디까지일까요?

어리석어요. 그런데 그 어리석음이란 것이 안다고 해서 미리 질러갈 수 있는 길이 아니더라고요. 치열했던 남편과의 다툼, 둘째는 언제 갖느냐는 사람들의 말에 버럭 화내고 싶었던 시절, 아이의 성취에 잠시 우쭐하던 시간과 이내 이어진 긴 사춘기의 터널…. 얼추 20여 년의 시간이 지났는데 작가님 블로그에 엄마들이 털어놓는 전쟁의 상흔은 제게도 어제 일처럼 생생하네요.

가사일은 익숙해졌지만 아직도 즐겁지 않습니다. 세끼 밥의 무게는 아직도 묵직합니다. 그럼에도 그 반복되는 일상이 인생의 본질에 더 가깝다는 깨달음은 있습니다. 양육의 시간은 끝난 걸까요? 얼마 전 저녁 늦게 전화를 걸어온 친구가 불안스레 쏟아놓던, 아들에게 이리 했어야 옳았느냐, 저리 했으면 더 좋았지 않았겠느냐 하는 고민의 말들을 가만히 듣고 있다가 불쑥 이렇게 말해버렸습니다.

"고마 해라. 너 할 만큼 했다. 아무도 너한테 나쁜 엄마라 못할 거다. 네가 조물주냐. 네가 이리 빚으면 이리 되고, 저리 빚으면 저리 될 거냐. 제 선택이니 스스로 책임지게 해라. 아이 행동 하나하나, 말 한 마디 한 마디에 뱃속에 품고 있을 때부터 육아하던 시절을 통틀어 무슨 치명적인 실수 한 적이 있나 머릿속으로 필름 돌려보고 또 돌려 보고 하는 거, 우리 이제 그만 하자."

문득 전화가 끊겼나 했습니다만, 한참 잠잠해졌던 전화기 너머로 친구가 입을 틀어막고 우는 소리가 들렸습니다. 같이 눈물이 났습니다. 나도 가엾고 너도 가엾고. 대한민국에서 엄마 노릇하기란 이렇게 힘겹고. 자식 자리에 있는 아이들은 자기 몫의 좌절감에 무기력하고.

이제 성년이 되는 아이에게 뭐라고 힘을 내라는 말을 해줘야 할까요. 지금과 같은 변화의 시대는 우리도 살아보지 못했는데, 평균치의 삶이 이러저러할 것이란 전망도 도무지 할 수 없는데, 아이에게 어떤 길을 보여줘야 할까요.

가끔 작가님 블로그를 기웃거리다 저보다는 훨씬 현명하고 유능하게 살아가는 듯한 젊은 엄마들에게, 제 아이와는 저보다 좀 더 가까운 세대일 선배들에게 조언을 구하고 싶기도 했습니다.

그저 앞만 보고 다수가 뛰는 레이스에서 과감히 이탈해 자신만의 길을 갈 만큼 내면이 단단하지도 못하고, 성공적으로 그 경주를 마치기에는 이미 기초 체력이 너무 부족한 아이. 그래서 무기력해져버린 아이에게 어떻게 손 내밀어줄 수 있을까요?

↳ pipi 님

아이를 잠시 쉬게 해주면 어떨까요? 어머님도 (아마도 고3 어머님이 셨을 테니) 힘든 '엄마 노릇' 벗어나 잠시 느슨해지시고요. 글을 읽으면서 고등학교 때부터 20대 초반까지의 제 모습이 떠올랐습니다. 저는 사춘기를 지독하게 오래 앓았는데요. 사고를 치고 다닌 건 아니지만 아주 오랫동안 무기력과 좌절감에 빠져 허우적댔어요. 그 시절을 떠올리면 지금도 가장 아쉬운 건 제 주변에 믿을 만한 어른, 좋은 멘토가 없었다는 점이에요.

"괜찮아, 인생은 길어. 초반에 좀 헤맬 수도 있어. 당장 좋은 대학 가지 않아도 행복하게 살 수 있어. 그리고 너무 힘들면 1년 정도는 공부를 쉬고 다른 경험을 해보면 어떨까? 남들보다 조금 늦는다고 큰일 나지 않아"라고 누군가 그 시절 저에게 이야기해줬으면 얼마나 좋았을까. 그렇다면 내 인생이 조금은 달라지지 않았을까 생각합니다.

자녀 분의 무력감이 어디에서 비롯됐는지 알 수는 없지만, 기초 체력이 부족하다는 말씀이 계속 맴돌았어요. 제가 그렇거든요. 아이를 키우는 지금도요.

흔히들 '실패는 성공의 어머니'라고 말하는데 저는 이 말을 별로 좋아하지 않습니다. 연속되는 실패에도 계속 도전할 수 있는 강한 사람은 그리 많지 않거든요. 저는 없는 용기와 에너지를 쥐어짜내 도전했다, 실패하기를 반복하면서 정말이지 자존감이 바닥까지 내려간 경험이 있습니다.

자녀 분에게 성공의 경험이 필요하다고 생각해요. 부족한 체력으로도 충분히 도달할 수 있는 작은 도전과 성취의 경험을 유도해주시면 어떨까요. 공부랑 전혀 상관없는 것들로요. 그런 작은 성공의 경험들이 아이의 자신감과 열정, 꿈을 조금씩 찾게 해줄 수 있을 거라 생각합니다.

↳ 마녀angie 님

엄마의 길은 역시 끝이 없군요…. 똥기저귀 어린아이 시절을 졸업해도, 학교와 직장, 결혼까지…. 저도 아이를 키우지만, 여전히 친정엄마에게 의지하는 마음이 크고, 제 불찰과 응석 다 받아주시는 친정엄마를 보면, 나도 과연 저렇게 한없이 넓은 마음으로 우리 아이가 뭘 하든 받아줄 수 있는 엄마가 될 수 있을까 하는 걱정이 듭니다. 그런데 고민글을 주신 분께서는 아이의 마음을 이미 헤아리고 계신 엄마이신 것 같아요.

엄마가 아이에게 해줄 수 있는 것은 오롯이 아이가 가는 길을 응원하고 힘들 때 손 내밀어주고, 가슴 내밀어 안아주는 것. 그렇지만 항상 아이에 대한 염려와 안쓰러움은 내려놓지 못하는 것. 해줘도 해줘도 항상 부족한 듯 느껴지는 것…. 그 마음만으로도 아이는 부족하지 않을 거라는 생각, 감히 해봅니다.

> Re: **어릴 땐 뜨겁게 마음을 나누다가
> 크면 차갑게 독립시켜 내보내는 것**

얼마 전 자녀들이 과학고를 거쳐 SKY대를 간 엄마들의 근황을 접했습니다. 자녀들이 이제 겨우 대학1학년생인데 그 엄마들은 다시 아주 바쁘더군요. 이번에는 바늘구멍 같은 취업의 문에 대비하기 위해서요. 시종일관 초조하고 바쁜 (자식이 태어난 이래 내내 그래 왔을) 그들의 모습은 부럽지도, 행복해 보이지도, 바람직해 보이지도 않았습니다.

좀 더 대놓고 심하게 말하자면, 홀로 자신의 인생을 살아내지 못하는 여성들이 사회적 지지를 이끌어낼 수 있는 방식으로, 교묘하게 자신의 미성숙을 감추며 살아가는 모습 같았다고나 할까요? 성인이 된 자식까지 전면에 내세우고 안달하면서 말입니다. 오늘날 '모성'이란 이름은 그들에게 이르러 그릇된 정의를 낳고 있습니다. 그들의 태도나 노하우가 무슨 사회적 귀감이라도 되는 양 널리 전파되어 이에 건전한 회의를 품은 나머지 다수의 엄마들마저 병들게 하고 있죠. 특목고 재학생들을 가르치는 지인의 말도 인상적입니다. "매년 다른 아이들을 가르치는데, 매년 같은 아이들이 와요. 똑같이 무기력하고,

똑같이 엄마와의 관계가 끝장난 아이들이요."

사춘기의 아이들은 격정적으로 보여줍니다. 사납고, 비체계적이며, 자기 생에 대한 전권을 장악하기 위해 알을 깨고 나오는 새처럼 부들부들 온몸을 떠는 모습을. 자식이 제대로 된 성인으로서 부모 곁을 떠나길 바란다면 인내심 있게 그 모습을 지켜봐야 합니다. 안쓰러움, 분노, 배신감… 이런 것들은 오로지 엄마 본인이 처리해야 할 몫입니다.

수년간의 '미운 오리 새끼' 같은 청소년기를 거치며 아이는 천천히 자신의 부족함을 채워나가고 비체계적인 모습에 체계를 부여하게 됩니다. 그리고 가뭄 끝의 단비처럼 조금씩 조금씩, 느리게 느리게, 자신이 어렵사리 만들어낸 성숙함을 보여주게 되죠.

그런데 이 땅의 '엄친아'들은 대부분 '만들어집니다'. 그 완벽한 '제작'을 위해서는 가장 격렬한 사춘기에, 가장 확실하게, 아이의 생에 대한 주도성을 꺾어놓아야 하죠. 꺾고 들어가지 않으면 결코 몸에 맞지 않는 옷이 특목고를 향한, 초지일관된, 빈틈없는, 제도적 장치이기 때문입니다. 그 장치를 통과한 가정을 들여다보면 부모와 자녀 사이에 아주 어릴 적부터 무시무시한 '겁박'과 '폭행'이 존재합니다. 쉬쉬할 뿐이죠. 혹은 당연하게 굳어져 입 밖으로 말할 필요를 못 느낄 뿐이죠.

그렇게 꺾여서 엄친아 명칭을 얻어낸 '계산이 빠르거나' 혹은 '순한' 아이들이 바로 조한혜정 교수가 몇 해 전 한 매체에서 말했던, 학교에서 자주 마주한다는 요즘 대학생들, 즉 '강아지 같은 아이들'입니다. "네, 네" 하면서 돈 많고 힘 있는 엄마나 할아버지의 뜻을 거스르지 않는 아이들이죠. 개성을 펼치려는 아이를 우격다짐으로 꺾어놓으면 사람이 되지 않고 강아지가 됩니다. 그 많은 시간과 돈과 공을 들여, 엄마의 인생까지 통으로 투자했는데, 사람이 되지 않고 강아지가 됩니다.

젊은 엄마들은 생각해볼 일입니다. 나는 내 아이의 교구 구입을 위해 온갖 검색을 멈추지 않는 동안, 교구 구입에 드는 돈을 만들려고 머리를 굴리는 동안, 왜 그냥 아이와 마음을 나누는 시간을 가질 수는 없는가? 내가 못 사서 안달을 하는 저 교구가 강아지가 되는 행렬의 시작은 아닌가? 관계 파탄의 시작은 아닌가?

강한 아이들은 겁박에 질리지 않습니다. 웬만큼 짓밟아도 꺾이지 않습니다. 쉽게 길들여지지 않죠. 게임이 되었든, 농구가 되었든, 화장이 되었든 자신만의 추동력으로 자신이 관심 있는 것을 뚫고 들어갑니다. 그런데 엄마들은 이 아이들을 '철들려면 멀었다'고 안타까워합니다. 대한민국이 아이들에게 들이대는 성숙의 잣대는 오직 '공부' 한 가지니까요.

그러나 그 길은 SKY대가 아니라 아이비리그를 나와도 이미 정원 초과입니다. 헌데 왜 이리 눈먼 사람들처럼 아이들을 달달 볶으며 행복한 부모와 자식 간의 대화를 포기할까요? '아이가 무엇에 관심이 있는가?'가 아니라 '아이가 무엇을 해야 하는가?'에 초점을 맞추며 왜 자꾸 어긋난 대화를 반복할까요? 아이가 다 커버릴 때까지 말입니다. 아니, 다 크고 나서도 말입니다. 이건 그냥 어른이고 아이고 통째로, 낭비입니다. 세계 그 어느 곳에서도, 교육이라는 고명한 이름으로 이루어지는, 이보다 더한 인생 낭비를 본 적이 없습니다. (국가적 낭비는 말할 것도 없겠죠.)

*

우리 사회가 구성원들을 병들게 하는 가장 근본적인 방식은 대략 '보람을 앗아가는 것'으로 요약할 수 있을 겁니다. 어렵게 대학을 나왔으면 보람을 느껴야 하는데, 그것이 그저 아직 취직이 되지 않은 불안한 상태로만 보이죠. 죽어라고 업어 키운 아이가 예쁜 말들을 쏟아내면 보람을 느껴야 하는데, 그것이 그저 아직 한글 공부를 시작하지 않은 불안한 상태로만 보이고요. 끝없이 해야 할 일들의 목록이 줄지어 서서 그 어떤 단계적 완성에도 스스로 만족할 시간을 주지 않습니다. 만족을 느낄 겨를 없이 계속 채찍질만 당하면, 인간은 조로하게 되고 영혼은 일찍 죽어버립니다. 네, 실제로 일찌감치 자살들을 하고 있죠.

제가 드라마 〈응답하라 1988〉(이하 응팔)의 덕선이 나이입니다. 그래서 응팔의 달달함을 저도 즐겼습니다만, 드라마라는 판타지 속에 덮인 냉정한 현실도 아주 잘 알고 있습니다. 그래요, 당시에 '골목문화'가 있긴 했습니다. 남자아이들은 골목에서 축구를 하고, 여자아이들은 집집마다 돌아다니며 인형놀이를 했죠. 하지만 당시에도 그건 초등학교까지였습니다. 중학생이 되면 공부'만' 해야 한다고 누구나 알고 있었죠. 중학생이 골목에 나와 노는 건 쪽팔린 짓이었습니다. 부모들은 자녀가 6학년이 되면 피아노나 태권도부터 끊었습니다. 그 태도가 너무나 확신에 차 있고 강압적이어서 자식들은 으레 세상의 규칙이 그러한 줄 알았고 간혹 불만이 있어도 입도 뻥끗 못했죠.

덕선이 같은 71년생들은 한국전쟁 이후 베이비부머의 자녀들로서 사상 초유의 경쟁에서 이겨야 한다는 압박을 받았습니다. 그리하여 초등학교까지는 놀이터였던 골목이 중학교가 되면 '어느 집의 누구는 몇 등 했더라'까지 세세하게 인용되는, 익명성이 전혀 보장되지 못하는 살벌한 비교의 공간으로 뒤바뀌었죠. 어제까지의 놀이 친구는 오늘의 나를 골치 아프게 하는 라이벌로 둔갑하는 겁니다.

아이들을 학력 경쟁의 아레나로 뛰어들게 하고 경기의 규칙에 대해 세뇌시키는 그 순간, 응팔의 세 엄마들 관계도 뒤틀렸습니다. 엄연한 계급 차이가 등장하면서, 세든 집 아이가 주인집 아이보다 좋은 대학에 가면 주인집 부모는 무언가 주객이 전도된 듯한 치욕을 느꼈죠. 그 치욕감은 고스란히 그 골목의 망신살, 아이에게 화풀이로 전달되었습니다. 망신살의 대명사, 정봉이 같은 인물은 그 골목에서 '절대 저렇게는 되지 말아야 할' 견본으로 회자되었죠. 아주 어린아이조차 정봉이를 닮았다는 식의 비교가 모욕이라는 걸 알아들었습니다. 그래서 드라마 속 내용처럼 정봉이가 '백주부'로 재기한다는 건 사실상 불가능했죠. 이미 회복 불가능할 정도로 자존감이 황폐해졌기 때문입니다.

그러므로 덕선이, 즉 우리는 그러한 환경 속에서 '온몸에 경쟁의 인을 박고 엄마가 된' 첫번째 세대들입니다. 다시 말해, 우리 엄마 세대가 우리를 경쟁의 구도로 밀어넣을 땐 다소 어눌하고 허술한 면이 있었습니다만, 우리 세대가 아이들을 경쟁의 구도로 밀어넣을 땐 아이들이 미쳐서 정신병원에 갈 때까지 쫀쫀하게, 촘촘하게 밀어붙일 수 있습니다. 우리가 지금 목도하는 현실은 바로 그 축적된 노하우의 결과물입니다.

*

어찌됐든 응팔 시절엔 학력이라는 병기로 '전복'이 가능한 부분이 있었습니다. 그러나 사회구조는 바뀌었고 이제 그 병기는 유용하지 않습니다. 그럼에도 부모인 우리 세대가 (다양성이 없는 사회에서) 삶을 헤쳐나가는 병기로 얻어 쥔 것이 그것 하나뿐이라, 배운 게 도둑질이라고 우리는 아이들에게 같은 짓을 반복합니다.

이 공간에서 우리는 지혜를 총동원하여 행복한 엄마가 되는 길에 대해 묻습니다. 행복을 위해 정치인들이 할 일이 있겠고, 운동가들이 할 일이 있겠고, 학교에서 할 일이 있을 겁니다. 우리는 여기서 행복한 엄마가 되기 위해 엄마인 우리 자신이 당장 할 수 있는 일에 대해서만 이야기합시다. 우리 사회가 이 지경으로 교육병이 들었기 때문에 행복한 엄마가 되는 길은 사실 의외로 간단합니다.

엄마가 자식을 덜 챙기고 자신을 챙기는 겁니다. 엄마 자신의 미래를 위해 투자하는 겁니다. 엄마 자신의 행복을 위한 일을 하는 겁니다. 카페나 식당에 모여 지겨운 영어학원 얘기를 한 번 더 하는 대신, 얘기하는 동안 내 아이가 다른 아이와 비교돼 속을 부글부글 끓이며 '어디 학교에서 오기만 해봐라' 하고 애 잡을 궁리를 하는 대신, 아무리 잡아봐야 (계산이 빠르지도, 순하지도 않은) 애가 그대로라 좌절만 반복하는 대신, 전업주부라면 등산복을 입고 앞산에 오르는 겁니다. 그렇게 넓어진 시각으로 세상을 내려다보고 아이의 영어 점수가 아닌, 저 너머에서 벌어지는 일에 호기심과 의견을 가져보는 겁니다. 하산할 때는, 한 번뿐인 인생, 오늘은 가족과 어떻게 재미나게 보낼까 생각하는 겁니다. 워킹맘이라면 오늘 퇴근 후 아이를 만나면 어떤 말로 기분 좋게 대화를 열까 생각하는 겁니다. 짧게 주어진 저녁시간이지만, 어떤 추억을 만들 수 있을까, 병맛움짤이라도 찾아 보여줄까, 실없는 웃음을 미리 준비해보는 겁니다.

전부터 하고픈 것이 있었는데 아이가 걸림돌이 된다고 미워하지 마세요. 다 핑계입니다. 내 삶을 전면적으로 돌보지 못하는 것이 습관이 된 자의 핑계입니다. 이 세상의 '병기는 오직 하나'라고 학습된 자의 무기력입니다. 엄마의 공부면 공부, 엄마의 놀이면 놀이, 당장 그걸 할 궁리를 하세요. 전면적으로 육아를 버리란 얘기가 아니라

'아이에게 덜 쏟고 나를 챙기는' 육아를 고민하라는 이야기입니다. 엄마의 삶이 아이의 삶을 위해 서브로 존재하는 것이 아니라 대등하게 공존하는 육아를 하라는 거죠.

다들 자식을 위해 뛰는데 나만 아이를 내버려두면 어떻게 하냐고요? 아이는 엄마로부터 노력하는 자세를 배울 겁니다. 꿈을 꾸는 법을 배울 겁니다. 실행력을 배울 겁니다. 자존감을 지키는 법을 배울 겁니다. 그거 가지고는 부족하다고요? 자식을 위해 한평생 열나게 뛰는 엄마들의 결말에 대해 앞에서 충분히 언급했습니다. 평생 강아지와 살고자 하면, 그 길이 좋아 보이면, 그 길로 가면 됩니다. 거기서 손주들 유치원까지 간섭하며, 손주들 받아쓰기 점수에 자긍심을 느끼며, 손주들에게도 또 '할 일'을 열거하며, 지겨운 엄마에서 지겨운 할머니로 누구의 환대도 받지 못하는 희생을 끝까지 하는 겁니다.

그러나 그렇게 살고 싶지는 않다면, 그 길이 딱히 좋아 보이지도 않는데 끌려가는 거라면 선회하세요. 자식으로부터 '당신의 삶은 참 하찮더라'는 말을 듣고픈 부모가 있을까요? '당신의 겁박 때문에 언제나 무섭고 불행했다'라는 말은요? 부모라는 노동은 '당신의 희생이 고마웠다'라는 자식의 말을 들을 때, 나아가 '당신의 삶이 좋아 보였다'라는 자식의 말을 들을 때, 의미를 찾는 노동입니다.

엄마가 먼저 자신의 삶을 찾고 그다음으로 할 일은, 덕선이에게 허락되지 않았던 '(병기의) 다양성'을 우리 아이들에게 허하는 일입니다. 시절을 막론하고 구세대는 신세대보다 새로운 시절에 대해 둔감

하고 무지한 법입니다. 그래서 구세대가 신세대를 장악하면 그 나라는 망하죠. 조선시대의 유생이 개화기의 자녀에게 어떻게 자신들의 가치를 강요했는가를 생각해보세요. 그러고 나서 나라 꼴이 어떻게 되었는가를 생각해보세요.

　농경사회를 경험한 덕선이 엄마에게 도시 소녀 덕선이는 참 게을러 보였을 겁니다. 아날로그 사회를 경험한 우리 눈에 지금 디지털 사회를 살아가는 아이들은 한심해 보입니다. 그러나 덕선이 시절에 획일적이고 과도한 경쟁구도하에서도 경제 발전이 있었던 건, 그나마 덕선이 엄마가 "나는 못 배웠지만 너라도 배워 나처럼 살지 말라"고 아이를 밀어붙였기 때문입니다. 아이가 일단 대학에 들어간 뒤에는 부모가 자신보다 '많이 배운' 아이 말에 고분고분해졌기 때문입니다.

　하지만 지금 덕선이들은 "내가 배운 대로 너도 배워 나처럼 살라"고 아이를 밀어붙입니다. 심지어 성인이 된 아이에게도 '엄마가 더 잘 안다'며 자기 식으로 새로운 시대를 살라고 강요하죠. 역사의 흐름에도 역행하고 생태계의 섭리에도 역행하는 아주 변태적인 행위입니다. 나라가 망할 징조죠. 이미 여러 지표들이 퇴행곡선을 그리고 있습니다.

　본래 '계산이 빠르다'거나 '순하다'는 것은 청춘의 어휘가 아닙니다. 청춘은 계산할 줄 모르며 반항합니다. 그것이 새 시대를 몰고 오는 추동력입니다. 내 아이가 지금 정말 시간을 낭비하고 있는 것 같거든 구세대의 고집에 꺾이지 않는 강한 녀석이라 그러려니 하세요. 새로운 시절 속에 청춘을 부리기 위해 저 나름의 탐색의 시간을 갖고 있구나 생각하세요.

우리 학교 다닐 때 변소에 해놓은 낙서에 불과한 것이 요즘 이모티콘입니다. 이미 4천억 규모의 시장을 형성했다죠? 내가 아는 병기는 하나뿐이지만 그건 이미 쓸모없어졌다고, 이 아이가 살아갈 세계에서 필요한 것이 무엇인지 나는 모른다고 맘 편히 자인하세요. 할 일을 이야기하지 말고 "무엇을 할래?"라고 물으세요. 그마저 싫다고 하거든 "그럼 알아서 찾아라. 도와줄 거 있으면 말하고"라고 쿨하게 말하세요. 좋은 엄마란 아이의 나이와 비례해 쿨해지는 엄마입니다.

아이가 어릴 땐 전적으로 아이에 맞춰 젖 주고 기저귀 갈아주다가, 아이가 자라면 적당히 모른 척하고 거리를 유지하는 게 좋은 엄마입니다. 아이가 탐색하는 동안에는 절대 들여다보지 마세요. 들여다보는 화초는 자라지 않습니다. 방 안에 틀어박혀 있는 것만 같아도 여러 정보를 접할 수 있는 세상입니다. 살고자 하면 그중 하나를 움켜쥐겠죠. 시간이 걸리더라도 말입니다. 그것이 엄마 눈에 차지 않더라도 말입니다.

*

만약 성인이 된 아이가 끝까지 아무것도 움켜쥐지 않으려 들며 무위도식할 것이 걱정이라면 그래도 방법은 있습니다. 생활비를 부담하게 하세요. 어떤 분은 대학에도 취업에도 관심 없이 놀고 있는 아이에게 일차적으로 용돈을 끊었습니다. 그러자 아르바이트를 시작했다더군요. 아르바이트를 하며 용돈 정도 간간히 버는 아이에게 이번에는 생활비와 방세를 부과했습니다. 그러자 마지못해 돈을 내다가, 그 돈이면 친구와 둘이서 원룸을 얻는 편이 더 싸게 먹힌다는 걸 알고 독립해 나갔답니다. 그러면 일단 성공이죠. 독립된 성인으로서 최소한의 경제력을 지닌다는 것이 무엇을 의미하는지 아이는 이제 맞닥뜨리게 되었으니까요. 그야말로 뭐라도 움켜쥐겠죠.

전 세계 사람들이 다 아는데 우리나라 사람들만 모르는 한 가지가 있습니다. 서울대를 보내는 것이 부모의 최선이 아닙니다. 자식이 어릴 땐 뜨겁게 마음을 나누다가 자식이 크면 내 몸과 내 의식으로부터 차갑게 독립시켜 내보내는 것, 그것이 부모의 최선입니다.

본래 '계산이 빠르다'거나 '순하다'는 것은
청춘의 어휘가 아닙니다.
청춘은 계산할 줄 모르며 반항합니다.

내 아이가 지금 정말
시간을 낭비하고 있는 것 같거든
구세대의 고집에 꺾이지 않는
강한 녀석이라 그러려니 하세요.

새로운 시절 속에 청춘을 부리기 위해
저 나름의 탐색의 시간을
갖고 있구나 생각하세요.

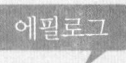

이 책의 한 땀 한 땀을 함께 기워준 엄마들은 아래와 같습니다.

나무, 소이맘, 팬지몽, 훈이엄마, 달고나인생, 박하사탕, 아롱다롱, 누리마루맘, nana, pipi, oceanblue, HYEJIN, U NA, 하연맘, 짜가공주, 지아맘, 촉촉, indigokuohw, mily, 이니, briaus, Mrs WOO, 매실댁, dani, 마파람, 운동화, juju29, 웬즈데이, 디지몬, 셀린, 카일라스, 참빛정, Magican, olivenpopeye, 우리유나, 율무, 연수, 샤샤, dacu21, 샤론의꽃, 레몬샤워, pinksnao, 푸쉬카르, hidclipe, 구름아래풍경, luvmani, Moon, 응원, 히즈, 단호박, simple life, 주니맘, singularity, 명이, 수정이, 책읽는 축복맘, 물결, 종달새, 느릿느릿, Dana, 지야, 콩나물기린, 참참참, Tess, 마녀angie, 보조개, 호라시오, BBoon, 까칠한워킹맘, 상큼한에이미, 석류, 녹차의맛, 에일라, 체똥이, 체리CHERRY, 열린맘, Alice, 은빛령, 호수맘, 돌돌엄마, 반짝반짝빛나는, 동동, konobuta, 쓰와드, Bella, 책과나무가숲이되는집, largo21, 그린티, 밝은빛, myidgenie 님

블로그에서 금쪽같은 지혜를 나눠주었으나 지면 관계상 이 책에 함께 하지 못한 엄마들에게도 깊은 감사를 전합니다. 일일이 호명해드리지 못해 미안합니다. 단언컨대, 그대들이 없었으면 이 책도 없었습니다.

내 인생의 '세 남자' 아버지, 남편, 아들에게도 감사를 전합니다. 당신들이 아니었다면 나는 지금보다 흰머리가 적었겠지만 지혜도 적었을 것이 분명합니다.

나의 '언니들'에게도 감사를 전합니다. 독립된 가정을 이룬 여자에게 필요한 것은 스승도 부모도 아닌, 언니들입니다. 그녀들이 조금 앞서 살아낸 따끈따끈한 지혜로 내 결혼생활과 육아의 피로와 환멸을 안아주어서 나도 한번 제대로 '언니'가 되었습니다.

마지막으로, 온라인에서 오프라인으로 한 글자 한 글자 소중하게 옮겨준 한아름 에디터에게 감사를 전합니다. 운 좋은 연인들이 소울메이트를 찾아낸다면, 운 좋은 작가는 에디팅메이트를 찾아낼 것입니다. 당신이 나의 그것입니다.

엄마 내공

© 2017 오소희

1판 1쇄   2017년 2월 10일
1판 5쇄   2020년 3월 24일

지은이　　　오소희
펴낸이　　　김정순
책임편집　　한아름
디자인　　　김수진 김진영 모희정
마케팅　　　김보미 양혜림 이지혜
펴낸곳　　　(주)북하우스 퍼블리셔스
출판등록　　1997년 9월 23일 제406-2003-055호
주소　　　　04043 서울시 마포구 양화로 12길 16-9(서교동 북앤빌딩)

전자우편　　editor@bookhouse.co.kr
홈페이지　　www.bookhouse.co.kr
전화번호　　02-3144-3123
팩스　　　　02-3144-3121

ISBN   978-89-5605-540-4 13590

이 도서의 국립중앙도서관 출판도서목록(CIP)은 서지정보유통지원시스템 홈페이지(http://seoji.nl.go.kr)와 국가자료공동목록시스템(http://www.nl.go.kr/kolisnet)에서 이용하실 수 있습니다.
(CIP제어번호: CIP2017002970)